Gine Elsner

Die Ärzte der Waffen-SS und ihre Verbrechen

Dr. med. Gine Elsner, Professorin i.R., Fachärztin für Arbeitsmedizin, Diplomsoziologin, bis 2009 Direktorin des Instituts für Arbeitsmedizin des Fachbereichs Humanmedizin der Goethe-Universität in Frankfurt a.M.; seit 2018 Inhaberin der Salomon-Neumann-Medaille.

Bei VSA: erschienen von ihr zuletzt: » Vom Abseits in die Mitte: die Gesundheitsämter« (2022), »Augustes Töchter. Auf den Spuren engagierter Frauen« (2021) und »Die ›aufrechte‹ Haltung. Orthopädie im Nationalsozialismus« (2019). Außerdem hat sie den von Lisa Strauß aufgeschriebenen Bericht »Von Krakau nach Kapstadt. Deportiert nach Auschwitz: Bericht einer Überlebenden des Holocaust« (2021) von deren Großmutter Peggy Berolsky herausgegeben.

Gine Elsner

Die Ärzte der Waffen-SS und ihre Verbrechen

VSA: Verlag Hamburg

www.vsa-verlag.de

Bildnachweis:
S. 18, 19, 23, 33 Privatbesitz
S. 69 Wikipedia.de (Album Höcker vom United States Memorial Holocaust Museum [USHMM])
S. 109 Bild Babyn Jar: Johannes Hähle / Hamburger Institut für Sozialforschung
S. 135 Faksimile Zeitungsausriss 1985

Umschlagfoto: Dr. Erwin Ding-Schuler, SS-Arzt des KZ Buchenwald, im Kreis von Angehörigen der Waffen-SS (Aufnahmedatum unbekannt)
Druck und Buchbindearbeiten: CPI books GmbH, Leck
ISBN 978-3-96488-214-1

Inhalt

1. Einleitung 7

2. Am Beispiel Wilhelm Z. 14
Nazizeit 15
Zweiter Weltkrieg 20
SS-Totenkopfdivision 22
Wilhelm Z. als Bataillonsarzt 29
Aus dem Tagebuch von Karl-Heinz Timm 34
Ende der Kriegshandlungen 39
Nachkriegszeit 40
Das vierte Kind 42

3. Ärzte der Waffen-SS 45
Kurzbiografien 45
Biografische Merkmale von Ärzten der Waffen-SS 80

4. Fluktuation von Ärzten zwischen Waffen-SS, KZ, Euthanasieanstalten und Wehrmacht 84
Fluktuation von Ärzten zwischen Waffen-SS und KZ-System 84
Fluktuation von Ärzten zwischen Waffen-SS und Euthanasieanstalten 90
Fluktuation von Ärzten zwischen Waffen-SS und Wehrmacht; Berichte von Wehrmachtsärzten über Kontakte mit der Waffen-SS . . 91

5. Einsatzgruppen 99
Kontakte von Ärzten der Waffen-SS mit Einsatzgruppen 106
Ärzte der Einsatzgruppen 113
Wehrmachtsärzte und Einsatzgruppen 120

6. Schluss 130

Anhang
Abkürzungen 138
Literaturverzeichnis 140
Personenregister 148

1. Einleitung

Ein Befund fällt auf: immer öfter sind es die Enkel und inzwischen sogar die Urenkel, die fragen, was der Großvater oder der Urgroßvater in der Nazizeit gemacht haben: »War Opa ein Nazi?«[1] Denn die Kinder dieser NS-Väter sind häufig nicht in der Lage, die Wahrheit zur Kenntnis zu nehmen und den Vater vom Sockel zu stoßen. In einigen Familien kommt es allerdings zum Konflikt, weil manche Töchter und Söhne die Wahrheit über den Vater ans Licht bringen wollen, ihre Geschwister aber nicht.[2]

So ist eine Diskrepanz auszumachen: im öffentlichen Gedenken sind die Verbrechen der Nazizeit mehr und mehr präsent, während in vielen Familien nach wie vor der Mantel des Schweigens über die Nazizeit ausgebreitet wird. In einer Studie aus 2023 gaben weniger als 10% an, dass ihre Familienangehörigen zur Täterseite gehörten. »Die wenigsten schreiben ihren (Ur-)Großeltern eine Täterschaft zu.«[3] Man fragt sich allerdings, wo denn eigentlich die Familien sind, in denen zehn Millionen NSDAP-Mitglieder gelebt haben.

Die Väter schwiegen meist. Erst mit ihrem Tod – und eigentlich erst mit dem Tod der meist jüngeren Ehefrauen bzw. Mütter – geht das Erbe auf die Kinder über. Jetzt erben die Söhne und Töchter der Nazi-Väter deren Feldpostbriefe, die an die Ehefrauen bzw. Mütter geschrieben wurden. Ich habe die Feldpostbriefe meines Vaters auch erst 1996 nach dem Tod meiner Mutter geerbt.[4] 50 Jahre nach Ende des Zweiten Weltkriegs habe ich sie zum ersten Mal gelesen.

Es gibt aber auch Kinder von NS-Vätern, die heute – fast 80 Jahre nach dem Ende der Nazizeit – bereit sind, die Geschichte ihrer NS-Väter zu offenbaren. Wie Eva. Ihr Vater Wilhelm Z. war Arzt der Waffen-SS. Seine Lebensgeschichte steht im Mittelpunkt des folgenden Textes. Eva hat in einem Aktenordner Unterlagen über das Leben ihres Vaters zusammengestellt. Den

---

[1] Welzer, H./Moller, S./Tschuggnall, K.: »Opa war kein Nazi«. Nationalsozialismus und Holocaust im Familiengedächtnis, Fischer Taschenbuch Verlag, Frankfurt am Main 2012, 8. Aufl. Laura Lichtblau ist eine Urenkelin, die sich als erste in ihrer Familie mit der Nazivergangenheit ihres Urgroßvaters befasst. Lichtblau, L.: Sund, Roman, Verlag C.H. Beck, München 2024.

[2] Wrochem, O. von (Hrsg.): Nationalsozialistische Täterschaften. Nachwirkungen in Gesellschaft und Familie, Metropol Verlag, Berlin 2016.

[3] Cheema, S.-N./Mendel, M.: Deutsche Täterbiographien werden zu Opfergeschichten, in: Frankfurter Allgemeine Zeitung (FAZ) vom 31.1.2024.

[4] Elsner, G.: Augustes Töchter, VSA: Verlag, Hamburg 2021, S. 213–262.

Aktenordner hat sie mir übergeben. Ergänzt wird die Geschichte von Wilhelm Z. um Daten und Informationen über weitere Ärzte der Waffen-SS.

Die Waffen-SS war weder Militär noch Polizei. Sie war eine Art NGO, Nicht-Regierungs-Organisation. Die Männer der Waffen-SS bekamen ihren Sold aus dem Reichsinnenministerium, nicht aus dem Wehretat. Die Waffen-SS kooperierte aber sowohl mit dem Militär, also der Wehrmacht, als auch mit der Polizei. Im Internationalen Militärgerichtsprozess in Nürnberg wurde die SS als verbrecherische Organisation verurteilt und die Waffen-SS in das Urteil mit einbezogen.[5]

Denn sie war an Kriegsverbrechen beteiligt. Es gab Einheiten, deren Angehörige erschossen Kriegsgefangene; so die SS-Totenkopfdivision in Frankreich im Mai 1940 in »Le Paradis«.[6] 1941 hatten Bataillone der Waffen-SS im Protektorat Böhmen und Mähren »anlässlich des zivilen Ausnahmezustands« 153 Personen in Prag und Brünn erschossen und 38 erhängt (»hiervon 16 Juden«).[7] Auch das Massaker 1942 im tschechischen Lidice als Vergeltung für das tödliche Attentat auf Reinhard Heydrich (1904-1942), Chef des SS-Reichssicherheitshauptamts, ging aufs Konto der Waffen-SS.[8]

Nach der Invasion der Alliierten am 6. Juni 1944 in der Normandie erhielten alle im Süden Frankreichs befindlichen deutschen Soldaten den Befehl, sich im Gewaltmarsch in die Normandie zu begeben. Sie zogen brandschatzend nach Norden, kaum von der Résistance aufgehalten.[9] Am 9. Juni, drei Tage nach der Invasion, erschossen Angehörige der 2. SS-Panzerdivision »Das Reich« 99 Männer in Tulle, in Zentralfrankreich gelegen. Der »Tüll«, der netzartige Stoff, wurde in der Stadt hergestellt. Angeblich waren Partisanen im Ort.[10] Einen Tag später, am 10. Juni 1944, tötete dieselbe Division 181 Männer in Oradour-sur-Glane und sperrte 254 Frauen und 207 Kinder in die Kirche ein und legte Feuer.[11]

---

[5] Schulte, J.E./Lieb, P./Wegner, B.: Einleitung: Die Geschichte der Waffen-SS – Forschungsschwerpunkte und Ausblicke, in: Schulte, J.E./Lieb, P./Wegner, B. (Hrsg.), Die Waffen-SS, Ferdinand Schöningh, Paderborn u. a. 2014, S. 11; Artzt, H.: Mörder in Uniform, Verlag Arthur Moewig, Rastatt 1987, S. 102.

[6] Sydnor, Ch.: Soldaten des Todes. Die 3. SS-Division »Totenkopf« 1933–1945, Ferdinand Schöningh, Paderborn u.a. 2007, 5. Aufl., S. 91.

[7] Ebenda, S. 368.

[8] Kempner, R.M.W.: SS im Kreuzverhör, Greno, Nördlingen 1987, S. 186.

[9] Lanzmann, C.: Der patagonische Hase. Erinnerungen, Rowohlt Verlag, Reinbek bei Hamburg 2010, S. 148.

[10] Wikipedia (20.1.2024).

[11] Wiegel, M.: Wo die Zeit stehenblieb, in: FAZ vom 5.9.2013.

Nach dem Abfall Italiens von den Achsenländern massakrierte die 16. SS-Panzergrenadierdivision »Reichsführer-SS« am 29.9./1.10.1944 in Marzabotto, in der Nähe von Bologna, mehr als 770 Personen, alte Männer, Frauen und 213 Kinder unter 13 Jahren.[12] Und das war nur ein Massaker unter mehreren in Italien.

Sowohl im Bewusstsein der Italiener als auch der Franzosen sind diese Massaker der Waffen-SS Bestandteil der Erinnerungskultur ihrer Länder. Als der AfD-Europakandidat Dr. Maximilian Krah gegenüber der italienischen Zeitung *La Republica* meinte, er werde niemals sagen, dass jeder, der eine SS-Uniform getragen hat, automatisch ein Verbrecher gewesen sei,[13] rief dies eine laute Empörung in beiden Ländern hervor. Das Interview erschien in Italien am 18. Mai 2024. Marine Le Pen, französische Politikerin des rechtslastigen Rassemblement National, kündigte Krah sofort die Zusammenarbeit auf. Die AfD musste ihren Europakandidaten aus der vordersten Linie zurückziehen.

Die Schutzstaffel (SS) war zunächst eine kleine Gruppe von Männern zu Hitlers persönlicher Sicherheit. Sie war »mehr security als Elite«.[14] Hitler schuf sich im März 1923 eine »Stabswache«. Sie war zunächst eine Untergruppe der SA. 1933 wurde die Stabswache in »Leibstandarte Adolf Hitler« umbenannt.[15]

Erst mit der Auslöschung der paramilitärischen SA 1934, nachdem die SA mit 4,5 Mio. Mitgliedern zu mächtig geworden war und eine Bedrohung für die Reichswehr darstellte, die gemäß des Versailler Vertrags nur 100.000 Mann umfassen durfte (siehe Tabelle 1), begann der Aufstieg der SS. Sie war kein Verein, in den man eintreten und aus dem man wieder austreten konnte. Sie glich einem Orden. Himmler hatte sich »manches Detail« vom Jesuitenorden abgeguckt.[16] Auf dem Koppelschloss ihrer Mitglieder stand »Unsere Ehre heißt Treue«.

Mit dem Anschluss Österreichs und des Sudetenlands erhöhte sich die Anzahl der SS-Mitglieder Ende 1938 auf 215.000.[17] Schließlich hatte die Allge-

---

[12] Wikipedia (20.1.2024); Rüb, M.: An einem schrecklichen Ort, in: FAZ vom 23.3.2019.

[13] Anonymus: Rassemblement National will nicht mehr neben der AfD sitzen, in: FAZ vom 22.5.2024; Anonymus: Le Pen bricht wegen Krah mit der AfD, in: FAZ vom 22.5.2024.

[14] ZDF-Fernsehfilm: Die SS – Macht und Mythos, Teil 2, 2020.

[15] Artzt 1987, S. 30f.

[16] Lang, J. von: Der Adjutant. Karl Wolff: Der Mann zwischen Hitler und Himmler, Ullstein, Frankfurt am Main/Berlin (West) 1989, S. 231.

[17] Hein, B.: Elite für Volk und Vaterland? Oldenbourg Verlag, München 2012, S. 154.

Tab. 1: Anzahl der Angehörigen von SA, SS und Reichswehr (Altreich)

Jahr	SA	SS	Reichswehr
1926/1929	10–15.000	280	–
1932/33	427.000	52.000	–
1934	4.500.000	–	100.000
1938	–	180.000	–

Quellen: ZDF 2020; Kempner 1987, S. 184; Longerich 2010, S. 136, 145, 178 u. 180; Wikipedia (20.6.2024).

meine SS knapp 500.000 Mitglieder.[18] Nach Berechnungen von Michael H. Kater waren rund 10% der reichsdeutschen Ärzte in der Allgemeinen SS. Das waren knapp 8.000 Ärzte.[19]

Die SS gliederte sich in drei Sparten: erstens in die Allgemeine SS, zweitens in die SS-Totenkopfverbände zur Bewachung der Konzentrationslager (Kogon: »die innenpolitische Knochenbrechergarde«) und drittens in die SS-Verfügungstruppen, die schließlich zur Waffen-SS wurden. Die Totenkopfverbände und die Verfügungstruppen waren Teil von Heinrich Himmlers SS-Armee: 90% gehörten zu den Verfügungstruppen, 10% zu den Totenkopfverbänden.[20]

Die Waffen-SS begann mit vier Divisionen, am Ende des Kriegs waren es 38, vielleicht sogar geschätzte 40. Zu den ersten vier SS-Divisionen gehörten die SS-Totenkopf-Division, die SS-»Leibstandarte »Adolf Hitler«, die SS-Division »Das Reich« und die Polizeidivision (die 1942 in die Waffen-SS eingereiht wurde). Nachdem Adolf Hitler nach Hindenburgs Tod 1934 Staatsoberhaupt wurde, ordnete er das Ende des Waffenmonopols der Armee an. In einem geheimen Erlass vom 17. August 1938 bestimmte Hitler, dass der Dienst in den SS-Verfügungstruppen auf den Wehrdienst anzurechnen sei.[21] Die Stärke der Waffen-SS erreichte aber nie mehr als fünf Prozent des Gesamtumfangs der Streitkräfte. Darauf achtete Hitler, denn er wollte die Generäle der Wehrmacht nicht allzu sehr verärgern; er brauchte sie.

Die drei Sparten der SS waren nicht hermetisch voneinander abgeschottet, sondern es gab Versetzungen von einer Sparte zur anderen. Jedes Mit-

---

18 Leleu, J.-L.: Jenseits der Grenzen. Militärische, politische und ideologische Gründe für die Expansion der Waffen-SS, in: Schulte u.a. 2014, S. 25–41, hier S. 37.

19 Kater, M.H.: Ärzte als Hitlers Helfer, Europa Verlag, Hamburg/Wien 2000, S. 394 u. 428.

20 Kogon, E.: Der SS-Staat, Wilhelm Heyne Verlag, München 1999 [Erstveröffentlichung 1945], S. 52.

21 Sydnor 2007, S. 27f.

glied der Allgemeinen SS konnte entweder zum KZ-Wachpersonal oder zur Waffen-SS einberufen werden. Aber schließlich war doch nur ein Viertel der Mitglieder der Allgemeinen SS in der Waffen-SS.[22]

Insbesondere gab es Personalversetzungen vom KZ zur Waffen-SS und etwa im Krankheitsfall zurück.[23] Oder z.B., wenn die Männer den militärischen Anforderungen nicht mehr genügten, wurden sie ausgemustert und zur Wachmannschaft ins KZ versetzt. Bastian Hein schätzt, dass 60.000 Angehörige der Waffen-SS zumindest zeitweise im KZ-System Dienst taten.[24] Rudolf Höß (1900–1947), der Kommandant von Auschwitz von 1940 bis 1943 und erneut vom 8.5.1944 bis Ende Juli 1944, gab an, dass während seiner Zeit als Kommandant etwa 2.500 Angehörige seines Stabs zu Feldeinheiten der Waffen-SS versetzt und durch andere ersetzt wurden.[25] Die Soldaten der Waffen-SS trugen dieselbe Uniform wie die KZ-Wachmannschaften, und diese hatten dieselben Soldbücher wie die SS-Feldtruppen. Jeder Angehörige der KZ-Wachmannschaften konnte sich freiwillig an die Front melden. Am 1. Januar 1945 gab es knapp 37.000 SS-Wachmanschaften in den KZ.[26]

Die Zahl der Angehörigen der SS-Truppen wuchs schnell. Anfang 1942 betrug die Personalstärke der Waffen-SS 170.000 Mann.[27] Anfang 1944 bereits 594.443.[28] Zuletzt, Ende des Jahrs 1944, war die Waffen-SS eine Massenorganisation mit insgesamt 910.000 Angehörigen.[29] Darunter waren mehr als 500.000 Ausländer.[30]

Die Versetzungen zwischen KZ und SS-Feldtruppen betrafen auch die SS-Ärzte. Diese kamen von der kämpfenden Waffen-SS wie der bekannteste KZ-Arzt Josef Mengele, der von der SS-Division Wiking krankheitshalber ins KZ als Lagerarzt von Auschwitz versetzt wurde, oder sie wurden vom Posten eines KZ-Lagerarztes aus zur Feldtruppe der Waffen-SS versetzt wie

---

22 Ebenda, S. 37.

23 Ebenda, S. 266.

24 Hein, B.: Die SS. Geschichte und Verbrechen, Verlag C.H. Beck, München 2015, S. 76–79.

25 Artzt 1987, S. 105

26 Hördler, St.: KZ-System und Waffen-SS, in: Schulte u.a. 2014, S. 87.

27 Stargardt, N.: Der deutsche Krieg 1939–1945, S. Fischer Verlag, Frankfurt am Main 2015, S. 375.

28 Keller, S.: Elite am Ende, in: Schulte u.a. 2014, S. 354–373, hier S. 359.

29 Kershaw, I.: Das Ende, Deutsche Verlags-Anstalt, München 2011, S. 112; Wilke, K.: Die Truppenkameradschaft der Waffen-SS 1950–1990, in: Schulte u.a. 2014, S. 421; Kogon 1999, S. 53; Lang 1989, S. 159.

30 Courtman, N.: Schutz der Freiheit. Die Einbürgerung ausländischer Waffen-SS-Veteranen in der Bundesrepublik Deutschland, Fritz Bauer Institut, Vortrag am 5.6.2024.

der ebenfalls berühmt-berüchtigte Erwin Ding-Schuler, der zuvor Lagerarzt im KZ Buchenwald war.

Es gab 1.348 Sanitätsoffiziere in der Waffen-SS (ohne Zahnärzte). Davon taten 546 Dienst als Bataillons-, Regiments-, Divisions- oder Korpsarzt. Die verbleibenden 802 Sanitätsoffiziere verteilten sich auf »Lazarette, Sanitäts-Kompanien, Sanitätsabteilungen und Verwaltungsposten«. 208 Sanitätsoffiziere der Waffen-SS waren in den Konzentrationslagern eingesetzt.[31] Demnach betrug die Anzahl der KZ-Lagerärzte an *allen* Sanitätsoffizieren der Waffen-SS 15%.

Es gab SS-Ärzte, die den Dienst im KZ einer Tätigkeit als SS-Truppenarzt vorzogen, weil der KZ-Dienst eine größere Wahrscheinlichkeit bot zu überleben. Es gab aber auch Ärzte der Waffen-SS, die es ablehnten, ins KZ versetzt zu werden. Wie Wilhelm Z., Evas Vater.

Jegliche militärische Formationen benötigen Truppenärzte. Was waren das für Ärzte, die sich zur Waffen-SS meldeten? Wie kamen sie zur Waffen-SS? Freiwillig? Wurden sie eingezogen? Denn es gab auch SS-Mitglieder in der *Wehrmacht*, die *nicht* zur Waffen-SS einberufen wurden, sondern zu den regulären Truppen. Und: Nicht jeder Arzt, der Mitglied der Allgemeinen SS war, wurde als Arzt im Zweiten Weltkrieg einberufen. Viele Ärzte waren »unabkömmlich« (u.k. gestellt) zur Versorgung der Zivilbevölkerung. Es gab auch einen Arzt (wie Ernst Günther Schenck), der Truppenarzt in der Waffen-SS war, ohne aber der Allgemeinen SS anzugehören.

Waren die Ärzte der Waffen-SS an Kriegsverbrechen beteiligt? Diesen Fragen will der folgende Text nachgehen.

Grundlage der folgenden Ausführungen sind biografische Angaben über insgesamt 50 Waffen-SS-Ärzte, die in den SS-Feldtruppen dienten. Eine be-

---

[31] Husen, M.: Ärzte der Waffen-SS. Führer im Sanitätsdienst – Ein Personenlexikon, GRIN Publishing, München 2023, S. 6. Husen meint, dass die Anzahl von 208 KZ-Ärzten nach »strengen Auswahlkriterien ermittelt worden und vollständig ist«. Andererseits lassen sich insgesamt 221 KZ-Ärzte eruieren (Elsner, G.: Freikorps, Korporationen und Kolonialismus - Die soziale Herkunft von Nazi-Ärzten, VSA: Verlag, Hamburg 2024). Die Diskrepanz beruht darauf, dass die frühen KZ noch nicht der SS unterstellt waren. So unterstanden mehrere Strafgefangenenlager des Emslands bei Papenburg dem Justizministerium. Dieses suchte am 28.5.1934 Lagerärzte, mit denen es einen Privatdienstvertrag abschloss mit einer Vergütung entsprechend des öffentlichen Dienstes »zuzüglich einer Moorzulage«. (Leibfried, St./Tennstedt, F.: Berufsverbote und Sozialpolitik 1933, Universität Bremen, Bremen 1980, S. 236.) Die meisten frühen KZ unterstanden allerdings der SA, und wenn es überhaupt Lagerärzte gab, dann waren es meist SA-Sturmbannärzte. (Drobisch, K.: Mediziner in frühen Konzentrationslagern 1933 bis 1936, in: Thom, A./Spaar, H. [Hrsg.], Medizin im Faschismus, Symposium-Protokoll, Berlin [DDR] 1983, S. 232–239.)

sondere Rolle spielt dabei die Biografie von Wilhelm Z., über den die umfangreichsten lebensgeschichtlichen Daten vorliegen. Die biografischen Informationen der anderen 49 Waffen-SS-Ärzte wurden aus gedruckten Texten oder aus Wikipedia entnommen. Die 10%-Stichprobe von 50 SS-Ärzten ist mit Sicherheit nicht repräsentativ für alle 546 SS-Truppenärzte. Die Daten wurden nach dem Kriterium der Verfügbarkeit und des Vorhandenen zusammengestellt. Es besteht aber die Hoffnung, dass die Informationen auch nicht gänzlich *un*repräsentativ sind.

Das Kapitel 2 enthält die Biografie von Wilhelm Z. Im Kapitel 3 werden weitere Waffen-SS-Ärzte vorgestellt samt ihrer biografischen Daten. Das Kapitel 4 verweist auf Fluktuationen der SS-Ärzte zwischen den lagerärztlichen Tätigkeiten in Konzentrationslagern und dem Dienst als Truppenarzt in der Waffen-SS. Dabei geht es auch um Wehrmachtsärzte und ihren Bezug zu Ärzten der Waffen-SS. Als Zusatz erfolgt in Kapitel 5 ein Verweis auf die Ärzte der Polizeibataillone und der Einsatzgruppen. Das Kapitel 6 zeigt in einem Schlussteil auf, warum vor allem Ärzte das alles wissen sollten.

2. Am Beispiel Wilhelm Z.

Wilhelm Z. wurde am 14. März 1912 als Sohn des katholischen Schneidermeisters Max Z. (geb. 1877) und als Enkel des Leinewebermeisters Christian Z. (geb. 1850) im Hessischen geboren. Seine Mutter Helene war evangelischer Konfession; sie war eine resolute Frau. Die Vorfahren waren Handwerker, Zimmerer oder Leineweber; sie stammten aus der Lausitz oder aus Thüringen. Der Schneidermeister Max Z. hatte keine Affinität zum Nationalsozialismus. Seine Enkelin Eva nennt ihn gutmütig und liebevoll; er engagierte sich im örtlichen Gesangsverein und war Mitglied in einem Fahrradclub.

Wilhelm Z., der Sohn, hatte noch eine Schwester. Er blieb fast sein ganzes Leben lang in seinem Geburtsort. 1930 legte er das Abitur ab. Seine Eltern waren als Handwerkerfamilie nicht vermögend, er sollte trotzdem Medizin studieren. Das erste Semester verbrachte Wilhelm in Tübingen.

Von der Weltwirtschaftskrise 1929 war seine Heimatstadt, deren Bevölkerung zu 57% aus Arbeiterinnen und Arbeitern bestand, besonders betroffen. Sie war eine Hochburg der Arbeiterklasse, aber nun war die Arbeitslosenzahl groß. Sie stieg überproportional an und war zwei- bis dreimal so hoch wie im reichsweiten Durchschnitt. Etliche Arbeiter schlossen sich den Nazis an. Bei der Wahl 1933 erreichte die NSDAP allerdings nur 33% der Stimmen,[1] gut zehn Prozent weniger als im Reichsdurchschnitt.

Wilhelm Z. nahm als noch nicht mal 17-Jähriger vom 1. bis 4. Februar 1929 am Reichsparteitag der NSDAP in Nürnberg teil. Als SA-Mann. Sechs Wochen später wurde Wilhelm 17 Jahre alt. »Aus beruflichen Gründen (Student) trat Z. später wieder aus der SA aus«, hieß es 1935 vonseiten des SS-Oberabschnitts Rhein.

Er wurde bereits am 1. Dezember 1929 als nun 17-Jähriger NSDAP-Mitglied. Er hatte die Mitgliedsnummer 275.854. Später beim Spruchkammerverfahren sagte Wilhelm Z., dass der frühe Parteieintritt seinen Grund in seiner damaligen »politischen Unreife, Unerfahrenheit und mangelhaften politischen Urteilsfähigkeit« hatte. Der Parteieintritt sei aus einer augenblicklichen Stimmung heraus geschehen »nach einer gelegentlichen Teilnahme an

---

[1] Hessische Landeszentrale für politische Bildung (Hrsg.): Die »Machtergreifung« 1933 in Rhein-Main, Forschungen, Werkstattberichte und Impulse, VDS Verlagsdruckerei, Neustadt an der Aisch o.J., S. 43–48.

einer Versammlung, wobei das Beispiel älterer Studienkameraden mitgespielt habe«. Er habe damals keine Kenntnis des Parteiprogramms gehabt, im Wesentlichen galten ihm aber die sozialen Ziele »wie Abschaffung der Klassengegensätze, Bekämpfung des Kapitalismus und der Monopolkonzerne, Abschaffung des Großgrundbesitzes, Förderung des Arbeiter- und Mittelstands, bessere Studien- und Ausbildungsmöglichkeiten auch für Angehörige der sozial schlechter gestellten Schichten und ähnliche Forderungen als erstrebenswert«. Nach seinem Weggang aus Tübingen habe er keine Beiträge mehr an die Partei geleistet. Erst 1933 hörte er wieder von der NSDAP, die ihn aufforderte, die Beiträge nachzuzahlen, was Wilhelm Z. tat. Denn er befürchtete ansonsten berufliche Nachteile.

Nazizeit

Nach dem ersten Semester in Tübingen erledigte Wilhelm Z. sein weiteres Studium an der Frankfurter Universität, weil ihm so möglich war, bei seinen Eltern zu wohnen, um Kosten zu sparen. Zum Teil wurden ihm die Studiengelder erlassen. Es gab außerdem eine Erziehungsbeihilfe. Er gab Nachhilfeunterricht, aber insgesamt blieb die große finanzielle Belastung seiner Eltern bestehen.

Am 16. Juni 1933 wurde Wilhelm Z. SS-Anwärter und am 1. November 1933 Mitglied der SS als SS-Mann. Er war 21 Jahre alt und volljährig. Er hatte die Mitgliedsnr. 101.729. Am 15. Januar 1935 wurde er SS-Sturmmann, am 9. November 1935 Rottenführer, am 20. April 1936 Unterscharführer und am 30. Januar 1937 Scharführer.

Seit 1934 war Wilhelm Z. Mitglied der Nationalsozialistischen Volkswohlfahrt (NSV) und des Reichsluftschutzbunds. Von 1933 bis 1936 trat er dem NS-Studentenbund (NSDStB) bei. Wilhelm Z. erläuterte später 1948 bei der Entnazifizierung im Spruchkammerverfahren, warum er Mitglied in diesen Organisationen wurde. Er sagte, dass sich »nach der Machtübernahme für den Studenten die Teilnahme an der Fachorganisation des NS-Studentenbunds und der damals entstehenden Studentenstürme ohne berufliche Nachteile nicht umgehen ließ.« Was die »Studentenstürme« betraf, so sagte Wilhelm Z. weiter, dass diese zunächst eine Aufgliederung in SA oder SS nicht erkennen ließen. Sie wurden zum weitaus größten Teil von Studenten geleitet, die der SA angehörten. Erst wesentlich später fand die Aufspaltung in »nach beruflichen Gesichtspunkten gegliederte SA- und SS-Stürme statt«.

So sei er zu dem SS-Sanitätssturm XXX gekommen. Er schrieb in einem Schriftsatz im Spruchkammerverfahren als Erwiderung auf die Klageschrift vom 10. März 1948:

»Der Sanitätssturm hatte, wie alle übrigen Sanitätsstürme der Allgemeinen SS, einen ausschließlich sanitären und ärztlichen Charakter.« Der Sturm habe »zum Wohle der Allgemeinheit ohne Begrenzung auf Angehörige der SS« gewirkt. Wilhelm Z. verwies in diesem Zusammenhang auf die Röntgen-Reihenuntersuchungen von Prof. Holfelder[2] zur Bekämpfung der Tuberkulose, die im ganzen Reich durchgeführt wurden. Ein ärztlicher Kollege von Wilhelm Z. ergänzte an Eides statt, dass Prof. Holfelder die Röntgen-Reihenuntersuchungen in diesem Sanitätssturm XXX entwickelt habe, woraus 1939 der »bekannte Röntgensturmbann« entstanden sei. Dieser ärztliche Kollege erläuterte ferner, dass der SS-Sanitätssturm der Ausbildung von Sanitätspersonal in Erster Hilfe diente, er wurde bei Massenunglücksfällen und dergleichen tätig.

Der Röntgensturmbann von Holfelder fuhr in ganz Deutschland herum, um die wissenschaftlichen Unterlagen für eine durchgreifende Bekämpfung der Tuberkulose zu beschaffen. Er kam auch in die Konzentrationslager. Von jedem Häftling wurde eine Aufnahme gemacht, und die Kranken wurden nicht sofort getötet, sondern an ihnen wurden therapeutische Versuche vorgenommen.[3]

Am 27. November 1936 bestand Wilhelm Z. an der Goethe-Universität das Staatsexamen mit der Note »gut«. Er wurde 1936 Mitglied im NS-Ärztebund. Nach dem Studium absolvierte Wilhelm Z. vom 11. Dezember 1936 bis zum 10. Dezember 1937 das obligatorische einjährige Medizinalpraktikum[4] vor allem in der Inneren Abteilung des Stadtkrankenhauses. Während dieses Jahrs bekam er ein Taschengeld von monatlich 20 Mark. Nach der Appro-

---

[2] Hans Holfelder (1891–1944) wurde 1929 Ordinarius für Allgemeine Klinische Röntgenologie der Universität Frankfurt. 1933 NSDAP, Dekan, 1934 SS. Tod vor Budapest (Klee, E.: Das Personenlexikon zum Dritten Reich, S. Fischer Verlag, Frankfurt am Main 2003, S. 267).

[3] Kogon 1999, S. 281.

[4] Seit Anfang des 20. Jahrhunderts war die Medizinerausbildung so geregelt, dass nach dem Universitätsstudium, das mit dem Staatsexamen abgeschlossen wurde, eine einjährige Medizinalpraktikantenzeit anzuschließen war, die in Kliniken absolviert wurde, aber wenig oder gar nicht entlohnt wurde. Im Anschluss daran wurde von der Landesbehörde die Approbation erteilt, die zum Arztberuf befähigte. Manchmal wurde der Medizinalpraktikant auch Medizinalassistent genannt (so hieß er nämlich in der Bundesrepublik bis 1970, dann wurde diese Position abgeschafft). Nach der Approbation wurde der junge Arzt in der Klinik als »Assistenzarzt« (oder auch: Assistent) beschäftigt. Als Assistenzarzt konnte er sich (seit 1924) zum Facharzt weiterbilden.

bation zum Arzt am 23. Dezember 1937, die durch den Reichs- und Preußischen Minister des Innern in Berlin erteilt wurde, arbeitete er zunächst bis zum 31. März 1938 auf einer unbezahlten Volontärarztstelle in der Frauenklinik, wofür er 50 Mark Taschengeld monatlich bekam. Aber schon nach dreieinhalb Monaten konnte er am 1. April 1938 auf eine regulär bezahlte Assistentenstelle im Stadtkrankenhaus wechseln. Er war in der Chirurgie tätig einschließlich der Unfall-Chirurgie, und er war außerdem in der Poliklinik des Krankenhauses beschäftigt. Er promovierte am 15. Januar 1938 bei dem Kinderarzt der Goethe-Universität Bernhard de Rudder[5] mit einer Arbeit über die bakteriell hervorgerufene Gehirnhautentzündung.

Im Frühjahr 1938 meldete sich Wilhelm Z. zu einer damals üblichen Kurzübung bei der Wehrmacht. Wilhelm Z. gehörte als 1912 Geborener zu den »weißen« Jahrgängen, die gemäß des Versailler Vertrags nicht der Wehrpflicht unterlagen. Er meldete sich also beim Wehrbezirkskommando und sollte Ende Oktober zu einer sechswöchigen Übung eingezogen werden. Kurz zuvor sei er aber – so sein Nachkriegsbericht – wegen der Sudetenkrise von der damals in ihren Anfängen befindlichen bewaffneten SS zu einer sechswöchigen Grundausbildung einberufen worden. Und aufgrund von damals erlassenen Vorschriften habe die Wehrmacht dann nicht mehr über ihn verfügen können.[6]

Wilhelm Z. beendete die Zeit als Assistenzarzt nach gut einem Jahr am 30. April 1939 und ließ sich am 1. Mai 1939 mithilfe von Darlehen als praktischer Arzt und Geburtshelfer nieder. Er heiratete am 13. Oktober 1939.

Diese Hochzeit bescherte ihm Ärger, denn Wilhelm Z. heiratete, ohne sich als SS-Mitglied zuvor die Genehmigung dazu vom Reichsführer-SS geholt zu haben. Nun musste er eiligst nachträglich die Heiratsgenehmigung beim Rasse- und Siedlungshauptamt-SS beantragen. Dieses teilte ihm mit, dass geprüft werde, »ob auf Grund der vorliegenden Unterlagen ein Abschluss des nachträglichen Gesuchs möglich sein wird«. In aller Eile hatte Wilhelm Z. versucht, die Ahnentafeln bis zu den Ur-Ur-Urgroßeltern zusammenzustellen.

---

[5] Bernhard de Rudder (1894–1962) soll vor 1945 eine distanzierte Haltung zum Nationalsozialismus eingenommen und sich 1959 kritisch zur Kindereuthanasie geäußert haben. Er unterhielt allerdings während der NS-Zeit freundschaftliche Kontakte zu dem Frankfurter Erbforscher Otmar v. Verschuer und war über dessen Kontakte zu Josef Mengele in Auschwitz im Bilde (Topp, S.: Geschichte als Argument in der Nachkriegsmedizin, V & R unipress, Göttingen 2013, S. 105).

[6] Wilhelm Z. nahm hier offenbar Bezug auf den bereits genannten geheimen Erlass Hitlers vom 17.8.1938, demzufolge der Wehrdienst bei den SS-Verfügungstruppen auf den Wehrdienst anzurechnen war. Der Erlass schrieb aber nicht vor, dass der Betreffende im Mobilisierungsfall dann automatisch von der Waffen-SS eingezogen wurde.

Tänzerin der Gaumustergruppe des Sportamts »Kraft durch Freude. (Aufnahmedatum unbekannt)

Seine Ehefrau Ilse (1914–2001) war die Tochter eines Hamburger Kapitäns, der mit der Naziideologie als Hanseat wohl nichts am Hut hatte. Er war zuletzt als Lotse bei der Hafenverwaltung tätig. Wilhelms spätere Frau Ilse verließ 1931 mit der Mittleren Reife die Schule und wurde Stenotypistin. Sie lernte in Abendkursen in einer privaten Handelsschule Stenografie und Schreibmaschineschreiben und arbeitete zunächst in der Allgemeinen Telefonfabrik AG. Sie schloss einen zweijährigen Lehrvertrag mit einer Wein-Importfirma ab und war dort anschließend nach Abschluss der Lehre weiter beschäftigt. Am 1. April 1937 begann sie eine Tätigkeit bei der Deutschen Arbeitsfront (DAF), die ihren Sitz im Gewerkschaftshaus im Besenbinderhof hatte. Sie arbeitete in der Unterstützungsabteilung. Ilse besuchte von Oktober 1938 bis zum März 1939 die Mütterschulung im Deutschen Frauenwerk. Sie absolvierte drei Lehrgänge und lernte Nähen, Kochen und Säuglingspflege.

Ilse tanzte gern. Sie liebte die kurzen weißen Röcke ihrer Gaumustergruppe, einer Tanzgruppe des Sportamts »Kraft durch Freude« (KdF) Hamburg, die bei öffentlichen Veranstaltungen auftrat. Die »Hamburger Deerns« tanzten auf Betriebsfesten, auf Kameradschaftsabenden und auf Parteitagen. In der Gruppe waren schließlich 80 Mädchen und junge Frauen, und am 25.

Tanzgruppe des Sportamts »Kraft durch Freude« auf dem KdF-Schiff Gustloff. (Aufnahmedatum unbekannt)

März 1938 berichtete das Hamburger Fremdenblatt über die »KdF-Deerns«. Im Mai schrieb das Hamburger Fremdenblatt anlässlich des »Volksrenntags« auf der Horner Trabrennbahn: »In jeder Pause zwischen zwei Rennen kamen die 60 leicht bekleideten Mädels heraus und tanzten vor den beiden Tribünen Doppelkreuzpolka, Ländler, Marschtanz und ein Spiel mit der Keule [...] Man kann verstehen, dass die Hamburger Gaumustergruppe vorbildlich für das ganze Reichsgebiet ist.« In beiden Zeitungsausgaben gab es Fotos von den leicht bekleideten tanzenden Mädchen.

Ilse B. lernte Wilhelm Z. 1939 auf dem Kreuzfahrtschiff »Wilhelm Gustloff«, auf einer Reise nach Italien, kennen. Das Schiff, das von der Deutschen Arbeitsfront in Auftrag gegeben worden war, wurde von der NS-Freizeitorganisation »Kraft durch Freude« für Kreuzfahrten eingesetzt. Beide späteren Ehepartner waren aus der Kirche ausgetreten, wurden entsprechend der Naziideologie als »gottgläubig« geführt; sie passten ideal in die damaligen Normvorstellungen. Wilhelm Z. war ein groß gewachsener (1,80 m) attraktiver stattlicher Mann, er gehörte als Arzt zur gesellschaftlichen Elite. Auch Ilse war groß gewachsen, sportlich, blond und hatte blaue Augen. Mit der Eröffnung der eigenen Praxis von Wilhelm Z. war die Heirat des Paars relevant geworden. Ilse schied Ende November 1939 aus ihrer Beschäftigung bei der DAF aus und schlüpfte als Arztfrau in die Rolle der Sprechstundenhilfe. Pünktlich ein Jahr nach der Hochzeit gebar Ilse den »Stammhalter«. Im Hamburger Fremdenblatt wurde seine Ankunft angezeigt: »In großer Zeit wurde Peter uns geschenkt.« Danach folgten noch drei weitere Kinder.

Zweiter Weltkrieg

Bereits 6 ¾ Monate nach Eröffnung der Praxis wurde Wilhelm Z. am 22. November 1939 durch einen Gestellungsbefehl zur Waffen-SS einberufen. Er musste innerhalb von 24 Stunden seine Praxis und seine Familie verlassen.

Bis zum Mai 1942 wurde er für Musterungen und Einstellungsuntersuchungen eingesetzt. Ab Anfang 1940 richtete das »SS-Ergänzungsamt« ein Netz von Ergänzungsstellen für die Waffen-SS ein und begann mit groß angelegten Werbekampagnen. Erst ab Ende 1942 wurde es mehr und mehr zum Normalfall, auch zwangsweise Rekruten auszuheben.[7] Wilhelm Z. kam zunächst vom 30. Januar 1940 bis Juli 1941 als Truppenarzt zur SS-Ergänzungsstelle Elbe (IV) des Ergänzungsamts der Waffen-SS nach Dresden. Bei den Musterungen wurde die Schädelform vermessen, und großgewachsene blonde Jungen mit blauen Augen wurden gefragt, ob sie als Freiwillige zur Waffen-SS wollten.[8]

Die Wehrmacht sah diesen Anwerbungen mit Skepsis zu. Sie achtete darauf, dass die Waffen-SS zahlenmäßig nicht zu groß wurde. Andererseits war klar, dass die Anzahl der Rekruten im Reichsgebiet nicht ausreichen würde, um den wachsenden Personalbedarf der Truppe zu decken. So entstand die Idee, ausländische Rekruten in den besetzten Ländern für die Waffen-SS anzuwerben. Gegen einen solchen Ausbau der Waffen-SS erhob die Wehrmacht keine Bedenken.[9] So war Wilhelm Z. im Mai 1940 zunächst einmal als Angehöriger dieses Ergänzungswesens auf einer »Annahmereise« im Reichsgau Sudetenland unterwegs, in Reichenberg, der Gauhauptstadt. Das Sudetenland war vom »Reich« annektiert worden. Bis August 1941 diente er dann der Ergänzungsstelle im besetzten Kopenhagen für die Rekrutierung dänischer Waffen-SS-Mitglieder.[10]

---

[7] Lehnhardt, J.: Die Inszenierung des nationalsozialistischen Soldaten: Die Waffen-SS in der Propaganda, in: Schulte u.a. 2014, S. 378–391, hier S. 381.

[8] Oldenkott, B. A.: Jahrgang 1925 [Leserbrief], in: FAZ vom 3.6.2013.

[9] Longerich, P.: Heinrich Himmler. Biographie, Pantheon/Random House, München 2010, S. 515–520.

[10] Christensen, C. B./Poulsen, N. B./Scharff Smith, P.: Dänen in der Waffen-SS 1940–1945, in: Schulte u.a. 2014, S. 196–215.

Dann kam er bis November 1941 zum Ergänzungsamt der Waffen-SS nach Berlin, danach ab November 1941 zur Ergänzungsstelle Nordsee (X) des Ergänzungsamts nach Hamburg. Von hier aus meldete er dem »Rasse- und Siedlungshauptamt« Berlin die Geburt seines zweiten Sohns an, der am 20. April 1942 am Geburtstag Hitlers geboren wurde. Wilhelm Z. blieb bis Mai 1942 in Hamburg. Wo war die Ergänzungsstelle in Hamburg? Im Stadtteil Ochsenzoll, in einer SS-Kaserne?

Da Wilhelm Z. Hamburg im Mai 1942 verließ, weil er als Truppenarzt zur SS-Totenkopfdivision (T. Div.) kommandiert wurde, war er auf keinen Fall mit der Musterung von Karl-Heinz Timm im Dezember 1942 befasst. Karl-Heinz Timm war der ältere Bruder des Schriftstellers Uwe Timm (geb. 1940), der ein Buch über seinen Bruder schrieb, betitelt »Am Beispiel meines Bruders«.[11]

Uwe Timm beschreibt darin, wie sein älterer, 1924 geborener Bruder Karl-Heinz zur Waffen-SS kam, und zwar zur SS-Totenkopfdivision, das war die selbe SS-Division, der Wilhelm Z. ab Mai 1942 angehörte. Uwe Timm zitiert in seinem Text aus dem Tagebuch seines Bruders. Auf dieses Tagebuch wird im Folgenden Bezug genommen. Denn es ergibt sich, dass Wilhelm Z. und Karl-Heinz Timm in dieselben Kampfhandlungen verwickelt waren. Wilhelm Z. hat keine Tagebuchaufzeichnungen oder Feldpostbriefe hinterlassen; als Ersatz dafür dienen hier im Folgenden die Aufzeichnungen von Karl-Heinz Timm, veröffentlicht von seinem Bruder.

Karl-Heinz Timm bewarb sich als 18-Jähriger freiwillig bei der Waffen-SS und wurde im Hamburger Musterungsbüro im Stadtteil Ochsenzoll im Dezember 1942 gemustert. Er wurde sofort genommen: 1,85 m groß, blond, blauäugig. So wurde er Panzerpionier in der SS-Totenkopfdivision.

Wie kam ein 18-Jähriger dazu, sich im Dezember 1942, als die 6. Armee bereits in Stalingrad eingeschlossen war, freiwillig zur Waffen-SS zu melden? Die Antwort liegt wohl in der Familientradition. Der Vater, Hans Timm, 1899 geboren, nahm am Ersten Weltkrieg teil. Danach wollte er Offizier werden, Berufssoldat, was wegen des Versailler Vertrags, der eine zahlenmäßige Beschränkung der deutschen Armee festlegte, nicht gelang. So wurde Hans Timm Angehöriger eines Freikorps und bekämpfte im Baltikum die Bolschewisten. Er war Mitglied der berüchtigten Organisation Consul, die an Fememorden in der Weimarer Republik mitwirkte. Der Vater, ein gelernter Tierpräparator, der später in der Bundesrepublik als selbstständiger Kürschner tätig war, behielt auch in

[11] Timm, U.: Am Beispiel meines Bruders, dtv Verlagsgesellschaft, München 2022, 16. Aufl. [Erstveröffentlichung 2003].

der Zeit nach dem Zweiten Weltkrieg seine deutschnationale Gesinnung bei, indem er sich der DP [Deutsche Partei] annäherte, die ein Sammelbecken alter Nazis war.[12] Allerdings wurde der Vater Timm nie Mitglied der NSDAP.[13]

Die SS-»Ergänzungsstellen« waren schon vor Kriegsbeginn zuständig für die Rekrutierung junger Leute zur Waffen-SS.[14] Ab September 1939 wuchs die Struktur des Ergänzungswesens. Bevorzugt wurden junge Leute rekrutiert, die eine ideelle Bindung zum Nazismus hatten. So gehörten 75% der Angehörigen einer Waffen-SS-Stichprobe *vor* ihrem Eintritt in die Waffen-SS einer NS-Organisation an.

Seit 1942 war schließlich auch 16 ½-Jährigen erlaubt, *ohne Zustimmung* der Eltern der Waffen-SS beizutreten. 1944 wurden die 16-Jährigen zum Volkssturm geholt. Von da aus traten 16-Jährige der Waffen-SS bei. »Wir fanden die Waffen-SS natürlich toll, das war die Elite!«, sagte einer.[15] Wer noch zu klein war, wurde bei der Musterung gefragt, wie groß sein Vater sei oder wie groß seine Brüder seien. Wenn die Verwandten groß waren, schrieb der Musterungsarzt: «Holt das Maß noch nach!«[16]

SS-Totenkopfdivision

Bis Mai 1942 war Wilhelm Z. in Hamburg mit Musterungen und Anwerbungen beschäftigt. Dann wurde er zur SS-Totenkopfdivision an die Ostfront versetzt.

Die SS-Totenkopfdivision galt unter den SS-Divisionen als eine militärische *Elite*-Einheit. Sie gehörte zu den ersten und während des ganzen Kriegs zu den »besten« Waffen-SS-Divisionen.[17] Als besonderes Zeichen trugen die »Totenköpfler« nicht nur wie die anderen SS-Einheiten den vernickelten ble-

---

[12] Die DP war nach dem Zweiten Weltkrieg in Niedersachsen gegründet worden. Sie war gegenüber dem rechten Rand des politischen Spektrums sehr tolerant. Sie lehnte die Entnazifizierung ab. Sie bezog »Belastete« aus der Nazizeit ein. Bei der Bundestagswahl 1957 bekam sie allerdings nur 3,4%, war aber im Bundestag vertreten, weil sie über Direktmandate verfügte. Sie löste sich faktisch auf, als eine große Anzahl ihrer Abgeordneten in die CDU wechselte, so dass sie ihren Fraktionsstatus verlor. Sturm, P.: Von Kanzlers Gnaden, in: FAZ vom 9.3.2021.

[13] Timm 2022, S. 20, 42, 59 u. 77f.

[14] Rohrkamp, R.: Die Rekrutierungspraxis der Waffen-SS in Frieden und Krieg, in: Schulte u.a. 2014, S. 42–60.

[15] Becker, W.: »Wir Kindersoldaten fanden die Waffen-SS toll«, in: Frankfurter Allgemeine Sonntagszeitung (FAS) vom 8.6.2014.

[16] Bornmüller, H.: Waffen-SS I [Leserbrief], in: FAZ vom 11.6.2013.

[17] Sydnor 2007, S. 3.

Angehörige der Waffen-SS mit Totenkopfemblem an der Mütze. (Aufnahmedatum unbekannt)

chernen Totenkopf an der Mütze, sondern einen zusätzlichen auch am Kragenspiegel. Die Totenkopfdivision galt später zusammen mit den beiden anderen SS-Divisionen, SS-Division Leibstandarte Adolf Hitler (LSSAH) und SS-Division »Wiking«, als Hitlers »Feuerwehr« im Osten.

Die SS-Totenkopfdivision ging aus frühen Totenkopfverbänden hervor, die Ende 1937 eine Stärke von 3.500 Mann hatten. Zunächst entstanden 1935 fünf Sturmbannen. 1936 erhielten sie den Namen »Totenkopfverbände«. Im September 1937 bildeten die SS-Totenkopfverbände drei SS-Totenkopfstandarten (Regimenter): die Totenkopfstandarten I, II und III – »Oberbayern«, »Brandenburg« und »Thüringen«. Nach der Annexion Österreichs kam eine IV. Totenkopfstandarte »Ostmark« dazu.[18] Die SS-Totenkopfstandarten wurden im September 1939 beim Überfall auf Polen eingesetzt.

Es kam im besetzten Polen zu ersten Kriegsverbrechen durch die deutsche Besatzungsmacht mit Erschießungen und »Judenaktionen«.[19] Die Anzahl der jüdischen Opfer unter den Polen betrug 2,7 Mio.[20] Es gab Ermordungen

---

[18] Artzt 1987, S. 32.
[19] Sydnor 2007, S. 33–54; Longerich 2010, S. 442–448.
[20] Stargardt 2015, S. 297.

von psychiatrischen Patienten. Zwischen 16.000 und 20.000 psychiatrisch kranke und geistig behinderte Polen verloren ihr Leben,[21] in den annektierten polnischen Gebieten mindestens 7.700 Personen. Die Gebäude und Häuser der Anstalten wurden für Lazarette gebraucht, aber auch für Baltendeutsche, die nach hierher umgesiedelt wurden.[22] Beteiligt an den Krankenmorden waren »SS-Männer«, unterschiedliche »Einheiten«, die noch nicht genau »identifiziert« werden konnten, ein »SS-Wachsturmbann« und ein »SS-Wachbataillon« »sowie Mitglieder von Einsatzgruppen«.[23] Im Fort VII in Posen wurden am 15. Oktober 1939 zum allerersten Mal Patienten vergast.[24] Im »Altreich« begannen die Euthanasie-Vergasungen erst 1940. Seit dem 17. Oktober 1939 gab es eine eigene Kriegsgerichtsbarkeit für die SS, die verhinderte, dass Kriegsverbrechen geahndet wurden.[25]

Ende 1939, nach dem Abzug aus Polen, entstand die SS-Totenkopfdivision. Die Totenkopfstandarten wurden in jene eingegliedert. Die Totenkopfdivision hatte ihre Herkunft in KZ-Wachmannschaften, und sie bezog auch ihre Ergänzungen von dort. Sie war die erste SS-Division, die im Herbst 1939 aufgestellt wurde; sie galt als die »populärste« SS-Division, aber auch die, die die »übelsten Verbrecher« aufnahm.[26] So konnte es nicht ausbleiben, dass die T. Div. an Verbrechen beteiligt war. Die Angehörigen dieser SS-Division wurden zuvor ideologisch geschult; die T. Div. galt als typisch für »den Geist des Nationalsozialismus«;[27] zu ihren Mitgliedern zählten gesellschaftliche Außenseiter und Schwerverbrecher.[28]

---

[21] Weindling, P.J.: Zur Dimension der »Euthanasie«-Verbrechen im deutsch besetzten Europa, in: Osterloh, J./Schulte, J.E./Steinbacher, S. (Hrsg.), »Euthanasie«-Verbrechen im besetzten Europa, Wallstein Verlag, Göttingen 2022, S. 325–362, hier: S. 325 u. 344; Jaroszewski, Z.: Die Vernichtung psychisch Kranker in Polen 1939–1944, in: Thom, A./Rapoport, S. (Hrsg.), Das Schicksal der Medizin im Faschismus, Jungjohann Verlagsgesellschaft, Neckarsulm/München 1989, S. 44–49.

[22] So wurde die Anstalt in Kobierzyn, 9 km von Krakau entfernt, mit 1.000 Patienten liquidiert, sie wurde SS-Lazarett. Klee, E.: » Euthanasie« im Dritten Reich, Fischer Taschenbuch, Frankfurt am Main 2018, S. 407; Aly., G.: Die Belasteten, Fischer Taschenbuch, Frankfurt am Main 2021, 2. Aufl., S. 92–99.

[23] Parzer, R.: »Euthanasie« im besetzten Polen, in: Osterloh u.a. 2022, S. 159-172, hier: S. 169 u. 172; Daniluk, J.: Krankenmorde im Reichsgau Danzig-Westpreußen, in: Ebenda, S. 173–186, hier: S. 178.

[24] Dörner, K.: Die Morde im Fort VII, in: Die Zeit vom 1.9.1989; Leidinger, F.: ... und wehrten sich verzweifelt, in: Die Zeit vom 28.8.1987.

[25] Sydnor 2007, S. 51.

[26] Ebenda, S. 257f. u. 273.

[27] Ebenda, S. 279.

[28] Ebenda, S. 33–37.

Die Versetzungen und Interdependenzen zwischen KZ-System und Waffen-SS galten besonders für die SS-Totenkopfdivision. 7.000 Angehörige von KZ-Wachmannschaften wechselten zur T. Div.[29] Denn die SS-Totenkopfdivision rekrutierte sich zu großen Teilen aus den KZ-Totenkopfverbänden.[30]

Organisator des Systems war Theodor Eicke (1892–1943). Er war eine zwielichtige Person. Er war das elfte Kind eines Bahnhofsvorstehers aus Lothringen und hatte keinen Schulabschluss, wurde Polizist, baute als Werkschutz der BASF Bomben, wurde inhaftiert, amnestiert, war 76 Tage Patient in der Würzburger Psychiatrie und baute nach seiner Entlassung ab Juni 1933 das KZ in Dachau auf. Im sogenannten Röhm-Putsch erschoss er eigenhändig Ernst Röhm. Eicke wurde zum Organisator des KZ-Systems und der Waffen-SS. Aus den KZ-Wachverbänden schuf er ab März 1936 die SS-Totenkopfverbände, dann die Totenkopfstandarten (SS-Totenkopfregimenter), woraus die SS-Totenkopfdivision wurde, deren erster Kommandeur er wurde.[31] Sollstärke der T. Div. war zunächst 12.000 Mann.[32]

Ab Mai 1940 agierte die T. Div. im besetzten Frankreich. Es kam am 27. Mai 1940 zu den ersten schriftlich belegten Gräueltaten einer SS-Truppe.[33] Die T. Div. erschoss in Le Paradis 100 britische Kriegsgefangene, die sich bereits ergeben hatten; die Briten wurden »vor eine Scheunenwand gestellt und durch das Feuer zweier schwerer Maschinengewehre niedergemäht«.[34] Anderenorts wurden senegalesische französische Kriegsgefangene »niedergemacht«. Diese Taten bescherten der T. Div. den Ruf, »übel beleumundet« zu sein.[35] Die T. Div. stand im Ruf, »bösartig und grausam zu sein« und »bekanntermaßen brutal«, ihr haftete ein »Makel« an.[36] Sie verfügte noch nicht über ihren späteren elitären Ruf. Eugen Kogon sprach vom »kindlichen, männlichen Drang zum Landsknechtstum«.[37]

---

29 Ebenda, S. 50 u. 264f.

30 Merkl, F. J.: Kameradschaftlicher Beistand, in: Schulte u.a. 2014, S. 406–420, hier S. 407.

31 Weise, N.: Eicke. Eine SS-Karriere zwischen Nervenklinik, KZ-System und Waffen-SS, Ferdinand Schöningh, Paderborn u.a. 2013, S. 29–266; Sydnor 2007, S. 28–32.

32 Ebenda, S. 50.

33 Ebenda, S. 257.

34 Ebenda, S. 91–93. Das Genfer Kriegsgefangenenabkommen schreibt hingegen in Art 2 vor, »dass Kriegsgefangene jederzeit mit Menschlichkeit behandelt und insbesondere gegen Gewalttätigkeiten geschützt werden müssen«.

35 Lang 1989, S. 160.

36 Weise 2013, S. 76–102; Weise, N.: »Soldat, Kämpfer, Kamerad«, in: Schulte u.a. 2014, S. 392–405, hier S. 393–398.

37 Kogon 1999, S. 53.

Am Überfall auf die Sowjetunion am 22. Juni 1941 waren vier Divisionen der Waffen-SS und die Polizeidivision beteiligt.[38] Die SS-Totenkopfdivision wurde von Frankreich an die Ostfront verlegt und beging dort weitere Kriegsverbrechen. Dazu »gehörten die Einäscherung von Dörfern, die Ermordung von Gefangenen und die summarische Erschießung von Kommissaren und Politruks, die ihr in die Hände fielen«.[39]

An Morden der *Einsatzgruppen,* die den Heeresgruppen folgten, war die T. Div. nicht beteiligt. Zu den *Einsatzgruppen* siehe 5. Kapitel. Allerdings gab es Männer der T. Div., die zuvor an anderer Stelle, im Baltikum, an Maßnahmen der Einsatzgruppe A mitgewirkt hatten und die zur personellen Verstärkung zur T. Div. kommandiert wurden. Im Oktober 1941 wurde eine ganze Kompanie der Einsatzgruppe A zur T. Div. verlegt. Zu diesem Zeitpunkt hatte die Einsatzgruppe A im Baltikum bereits 120.000 Juden liquidiert.[40]

Nach Beginn des Kriegs gegen die Sowjetunion zog die SS-Totenkopfdivision mit der 18. Armee Richtung Riga, das Ziel war Leningrad. Heinrich Himmler besuchte die T. Div. am 3. Januar 1942 im Nordabschnitt der Ostfront.[41] Als die deutschen Truppen in Demjansk waren, wurden sie am 8. Februar 1942 von der Roten Armee eingeschlossen. 90.000 Mann und 20.000 Pferde mussten aus der Luft versorgt werden, das waren sechs Divisionen. Der Kessel von Demjansk wurde zu einer Bewährungsprobe für die T. Div., deren Qualitäten »unbekümmertes Draufgängertum und fanatische Entschlossenheit« waren.[42] Am 9. Februar mussten sich alle Verwundeten des Genesungszentrums der T. Div. in Demjansk ohne Rücksicht auf ihre körperliche Verfassung wieder zum Dienst bei der Kampftruppe melden, um den Personalmangel im Kessel auszugleichen. Die Eingekesselten hielten durch.

Der Beratende Chirurg der 16. und 18. Armee der Wehrmacht Hans Killian (1892–1982) hat den Kessel von Demjansk beschrieben; er flog häufig in den

---

[38] Longerich 2010, S. 542.

[39] Sydnor 2007, S. 259; Wikipedia (14.11.2023); Schulte u.a. (2014, S. 19) verweisen allerdings darauf, dass den Waffen-SS-Divisionen bei der Ausführung des Kommissarbefehls kaum Verbrechen nachzuweisen waren, »die Leibstandarte Adolf Hitler einmal ausgenommen«, aber die Quellenlage sei problematisch. Der Kommissarbefehl verlangte völkerrechtswidrig, »die Truppenkommissare der Roten Armee – Kontrollorgane der Kommunistischen Partei der Sowjetunion in der Armee – zu erschießen«. Streit, Chr.: Die sowjetischen Kriegsgefangenen in deutscher Hand, in: Heer, H./Streit, Chr.: Vernichtungskrieg im Osten, VSA: Verlag, Hamburg 2020, S. 171–190, hier S. 175.

[40] Sydnor 2007, S. 263f.

[41] Longerich 2010, S. 573.

[42] Sydnor 2007, S. 173–210.

Kessel, um bei der Versorgung der Verwundeten zu helfen, so am 26. Februar. Es war ein gefährliches Manöver, wenn die Maschine Demjansk anflog und dann mitten im Kessel landete. Sie brachte Post, Sanitätsmaterial und Verpflegung mit und lud Verwundete für den Rückflug ein.[43]

Am 20. März begann der Großangriff der Deutschen zur Öffnung des Kessels. Drei Divisionen griffen an – so Hans Killian –, »dazu noch auf dem rechten Flügel einige Formationen der Gruppe Meindl«. Waren das Formationen der Waffen-SS? Killian beschrieb sie nicht näher. Er vermied das Wort »Waffen-SS«, berichtete nur über die Wehrmacht und tat so, als gäbe es keine Waffen-SS.

Die Einkesselung war am 22. April 1942 vorbei. Hitler bestätigte, dass die T. Div. wesentlich zur Rückeroberung und Befreiung von Demjansk beigetragen hatte. Die T. Div. war allerdings in einem desolaten Zustand, die Männer waren krank und erschöpft, die Truppenstärke dezimiert, die T. Div. musste erneut aufgestellt werden. Es wurden unbedingt frische Ersatzkräfte gebraucht. Die T. Div. bekam 3.000 schlecht ausgebildete Ersatzleute aus Deutschland. Es entstand der Plan, die erschöpfte Truppe nach Frankreich zu verlegen, um ihr eine Zeit lang Ruhe zu verschaffen.

Dr. Hermann Eckert (geb. 1911) war Truppenarzt des 2. Bataillons des 1. SS-Totenkopf-Infanterieregiments. Er war SS-Sturmbannführer. Am 7. April 1942 schrieb er einen »Ärztlichen Bericht über den Gesundheits- und Kräftezustand seines Bataillons«. Demnach waren im März/April während der Befreiung aus dem Kessel von Demjansk von 281 untersuchten Totenkopfsoldaten 88 für einen weiteren Militärdienst untauglich. Manche sähen aus wie KZ-Häftlinge, schrieb er. Die Männer hätten im Durchschnitt 20 Pfund verloren; das läge an der ungenügenden Verpflegung, aber auch an der Schwäche, an der grimmigen Kälte und an den ungenügenden Winterunterkünften. Mindestens 30% waren nach Eckerts Einschätzung nicht mehr für einen weiteren Einsatz tauglich, sie bräuchten zumindest eine kurze Ruhepause.

---

[43] Killian, H.: Im Schatten der Siege, Ehrenwirth Verlag, München 1964, S. 206–249. »In Artikel 227 der Kriegssanitätsvorschrift von 1938 waren als Beratende Ärzte solche Fachärzte vorgesehen, die durch ihre anerkannte wissenschaftliche Tätigkeit und große praktische Erfahrungen geeignet waren, den in den Sanitätseinrichtungen des Feldheers tätigen Sanitätsoffizieren mit Rat und Tat zur Seite zu stehen.« (Kupplich, Y.: Funktion und Leistungen der Beratenden Internisten im Heeressanitätsdienst der deutschen Wehrmacht 1939–1945, Dissertation der mediz. Fakultät der Universität Leipzig, Leipzig 1996, S. 40). Killian war von 1943 bis 1945 Ordinarius der Chirurgie in Breslau. Nach Kriegsende bekam er keine Universitätsstelle mehr.

Allerdings schrieb Dr. Eckert auch, dass es »rassische« und politische Defizite bei den neuen SS-Rekruten gebe, besonders bei den »Volksdeutschen«. Der Arzt schlug vor, eine »kritischere Auswahl nach rassischen Merkmalen und eine gründlichere Schulung der neuen Rekruten« vorzunehmen. Das würde »härtere Soldaten hervorbringen, die für den Kampf in Russland besser geeignet wären«. Der Reichsführer-SS Himmler erklärte in diesem Zusammenhang jedoch, dass er es nicht »nötig habe, sich von einem Arzt über die offenkundigen Schwächen in der Ausbildung der Waffen-SS belehren zu lassen«. Himmler untersagte weitere derartige ärztliche Untersuchungen und »verbat sich Berichte wie die von Dr. Eckert«.[44]

Hermann Eckert hatte die SS-Nr. 104.532, gehörte also nicht zu den ganz frühen Mitgliedern. Er war seit Juli 1941 bei der SS-Totenkopfdivision. Er ging dann mit nach Frankreich – siehe unten – und war erst Arzt bei der SS-Panzergrenadierdivision und dann bei der SS-Panzerdivision. Im Oktober 1943 wurde er ins SS-Lazarett nach Dachau versetzt. Zuletzt, 1944, war er Arzt beim SS-Grenadierersatzregiment.[45]

Unterstützung bekam Dr. Eckert von dem Divisionsarzt der T. Div., Oskar Hock (1898–1976). Dieser bestätigte die desolate Verfassung der Soldaten, was Himmler aber als »Binsenweisheit« zurückwies.

Oskar Hock war der Sohn eines Arztes aus Babenhausen. Er nahm noch am Ersten Weltkrieg teil; 1919 war er Mitglied eines Freikorps, das an der Niederschlagung der Münchner Räterepublik mitwirkte. Während des Studiums wurde er Mitglied des Corps Franconia Würzburg und dann von Bavaria Erlangen. Er trat 1928 in die NSDAP mit der Mitgliedsnr. 97.862 und in die SA ein. 1929 war er an der Gründung des NS-Ärztebunds (NSDÄB) beteiligt. 1935 wurde er Amtsarzt in Lindau, begann aber 1936 seine hauptamtliche Beschäftigung als Arzt bei der SS, nachdem er im August 1936 Mitglied der SS geworden war mit der Mitgliedsnr. 276.822. Im November 1936 war Hock Standortarzt im KZ Dachau und bis April 1940 leitender Arzt der Inspektion der Konzentrationslager in Sachsenhausen/Oranienburg. Von Februar 1941 bis Mitte 1943 ging er zur Waffen-SS als Divisionsarzt der T. Div. Danach gab es eine kurzfristige Versetzung zur Ordnungspolizei nach Berlin. Ab 28. August 1944 war Hock, SS-Brigadeführer und Generalmajor der Waffen-SS, wieder zurück an der Front, zunächst als Korpsarzt des XIII. SS-Armeekorps.[46]

---

44 Sydnor 2007, S. 190–192.

45 Husen 2023, S. 32.

46 Wikipedia (20.1.2024).

Tab.2: Hierarchie des Sanitätsdienstes der Waffen-SS (Entwurf; Darstellung in Anlehnung an den Sanitätsdienst des Feldheers gemäß Kriegssanitätsvorschrift 1938)

Korpsarzt	–
Divisionsarzt	1 Division = ca. 15-20.000 Mann = 3 Regimenter (?)
Regimentsarzt	1 Regiment = Standarte = ca. 3.000 Mann = 2–4 Bataillone
Bataillonsarzt	1 Bataillon = ca. 500 Mann = 3 Kompanien
Kompanie	ca. 150 Mann = 3 Züge
Zug	ca. 50 Mann

Quelle: ergänzt nach Lemmens, L./Thom, A.: Zur Entwicklung und Wirksamkeit des Wehrmachtssanitätswesens in den Jahren 1933 bis 1945, in: Thom/Caregorodcev 1989, S. 363–382, hier S. 369.

Dieses wurde am 7. August 1944 aufgestellt unter Verwendung von Truppen des Heers und unter Leitung von zunächst Hermann Prieß, dann Max Simon (zu beiden Personen: siehe unten). Es kam zu Kämpfen gegen die US-Amerikaner in Metz. Ab dem 15. November 1944 war Hock Arzt beim II. SS-Panzerkorps, zu dem die T. Div. gehörte. Er wurde nach dem Krieg von 1945–48 interniert. Die Spruchkammer stufte ihn dennoch als »Entlasteten« (Gruppe V) ein. Das ermöglichte Hock ab 1950 die Niederlassung in Leverkusen.[47]

Wilhelm Z. als Bataillonsarzt

Im Mai 1942, nach dem Ausbruch aus dem Kessel von Demjansk, kam Wilhelm Z. als Truppenarzt bzw. Bataillonsarzt zur T. Div. Die Waffen-SS war in Divisionen und Standarten und Bataillone eingeteilt. Eine Division hatte einen Divisionsarzt.[48] Die Standarten hatten Regimentsstärke, also etwa 3.000 Mann,[49] und einen Regimentsarzt. Ein Bataillon hatte 500 bis 600 Soldaten und einen Bataillonsarzt. Das Bataillon wurde aufgeteilt in drei Kompanien zu jeweils etwa 150 Mann und diese wiederum in je drei Züge zu jeweils ca. 50 Mann (siehe Tabelle 2).

Ein Zugführer des Bataillons, bei dem Wilhelm Z. war, ein promovierter Jurist, erklärte im späteren Spruchkammerverfahren, dass sich Wilhelm Z. »ohne Ausnahme unmittelbar bei den kämpfenden Einheiten befunden« habe.

47 Sydnor 2007, S. 277; Wikipedia (24.11.2023).

48 Schneider-Janessen, K.: Arzt im Krieg – Wie deutsche und russische Ärzte den zweiten Weltkrieg erlebten, Lichtenwys Verlag, Frankfurt am Main 1993, S. 276–287.

49 Kogon 1999, S. 53.

Dabei hätte er es gut mit seinen Vorschriften vereinbaren können, »den Truppenverbandsplatz weiter hinten aufzubauen«.

Wilhelm Z. sagte nach dem Krieg vor der Spruchkammer, dass sich seine Tätigkeit als Truppenarzt in der Waffen-SS in keiner Weise von der ärztlichen Tätigkeit eines Wehrmachts-Truppenarztes unterschied. Seine Tätigkeit hätte sich genauso unter dem Zeichen des Roten Kreuzes abgespielt wie die Tätigkeit der Wehrmachtsärzte. Er hätte ohne Unterschied sowohl Angehörigen der feindlichen Truppen ärztlich geholfen als auch den eigenen Verwundeten.

Die Einsatzbedingungen und Arbeitsmöglichkeiten waren ziemlich gleichartig für die Truppenärzte der Infanterie, Panzergrenadiere oder Waffen-SS.[50] Auf der Ebene eines *Wehrmachts*bataillons arbeitete ein Truppenarzt, dem ein Truppenverbandsplatz und ein Kfz zur Verfügung standen. Der Truppenverbandsplatz lag in der Nähe der Kampflinie und im Bereich feindlicher Waffenwirkung. Aufgaben des Truppenarztes waren Blutstillung, Verbände anlegen, Transportfähigkeit herstellen, Schmerzlinderung, aber auch Notoperationen. Auf einem Sanitätsgerätewagen wurde die Truppensanitätsausrüstung transportiert, dazu gehörten ein Truppenbesteck, ein Sauerstoffbehandlungsgerät und Krankentragen. Die Truppenärzte verfügten meist über keine längere Berufserfahrung und über keine oder nur geringe kriegschirurgische Ausbildung. Wilhelm Z. war vor seiner Einberufung nur knapp zwei Jahre lang ärztlich tätig gewesen. »Das Sanitätskorps der Waffen-SS war noch schlechter ausgebildet als das Sanitätswesen des Heers.«[51] Meist handelte es sich um praktische Ärzte, also Allgemeinmediziner. »Die Waffen-SS konnte nur begrenzt auf die akademische Elite zurückgreifen, weil sich die Wehrmacht bereits die ärztlich-akademische Führungsschicht gesichert hatte.«

Der Truppenarzt des Bataillons stellte mit seinem Truppenverbandsplatz die unterste Stufe der ärztlichen Versorgung dar. Auf dem Hauptverbandsplatz (HVP), der von der Division aufgestellt wurde und sich 4 bis 8 km hinter der Front befand, waren zwei Chirurgenteams, die jede Art von dringender chirurgischer Hilfe leisten konnten. Vom HVP erfolgte die Verlegung in Feldlazarette. Das Feldlazarett der Division lag zehn bis 30 km hinter der

[50] Fischer, H.: Die Notchirurgie zwischen Truppenverbänden und Feld-Lazarett, in: Guth, E. (Hrsg.): Sanitätswesen im Zweiten Weltkrieg, Verlag E.S. Mittler & Sohn, Bonn und Herford 1990, S. 47–100.

[51] Ebbinghaus, A./Roth, K.H.: Kriegswunden, in: Ebbinghaus, A./Dörner, K. (Hrsg.), Vernichten und heilen, Aufbau-Verlag, Berlin 2001, S. 177–218.

Front. »Der Sanitätsdienst der Waffen-SS lehnte sich in seinem Aufbau an den des Heeres an.«[52]

Im Oktober 1942, nach der Schlacht um Demjansk, wurde die T. Div. nach Frankreich verlegt, um ihr Erholung zu verschaffen und um neue Rekruten anzulernen. Seit dem Waffenstillstand mit Frankreich am 22. Juni 1940 war Frankreich geteilt. Der Nord- und Westteil kamen unter deutsche Militärverwaltung, der Süden, mit Vichy als Regierungssitz, blieb unbesetzt. Marschall Philippe Pétain übernahm als französischer Staatschef von Deutschlands Gnaden die Regierung im Süden. Er kollaborierte mit den Nazis. Im November 1942 marschierte die T. Div. ins unbesetzte Frankreich ein. Sie hatte die Mittelmeerküste und die französische Atlantikküste zu schützen. Mit dabei war Wilhelm Z. als Truppenarzt.

Mit Datum vom 16. November 1942 erfolgte die Umbenennung in SS-Panzergrenadierdivision »Totenkopf«. Um der besseren Lesbarkeit und Verständlichkeit wegen wird hier das Kürzel T. Div. auch für die Umbenennungen beibehalten. Die T. Div. bekam die neuen Panzer mit Namen »Tiger«. Zwischen Anfang November 1942 und Ende Januar 1943 wurde die T. Div. wegen der großen Verluste völlig neu aufgestellt. »Die meisten Offiziere und Mannschaften für diese Panzerformation kamen aus dem Wirtschafts- und Verwaltungshauptamt (WVHA) der SS sowie aus den Wachkommandos der Konzentrationslager.«[53] Karl-Heinz Timm wurde zur Ausbildung nach Frankreich zur T. Div. kommandiert.[54] Die Ausbildung war ideologisch ausgerichtet. Willi Z. war Angehöriger des II./1. SS-Panzergrenadierregiments »Totenkopf«. Zu welcher SS-Panzergrenadiereinheit gehörte Karl-Heinz Timm?

Weihnachten 1942 wurde im Offizierscasino in Frankreich eine Orgie gefeiert. Ein Regimentskommandeur der T. Div., Helmuth Becker (1902–1953), hatte »voll betrunken Möbel zertrümmert und Fensterscheiben zerschlagen und dann vor seinen Unzucht treibenden Offizierskameraden ein Pferd zu Tode geritten.«[55]

[52] Guth, E.: Militärärzte und Sanitätsdienst im Dritten Reich. Ein Überblick, in: Frei, N. (Hrsg.), Medizin und Gesundheitspolitik in der NS-Zeit, Oldenbourg Verlag, München 1991, S. 173–187.

[53] Sydnor 2007, S. 211–214.

[54] Timm 2022, S. 93.

[55] Sydnor 2007, S. 260.

Die Vorwürfe wurden von dem Regimentsarzt Dr. K.-H. Bockhorn erhoben. Über den Arzt Bockhorn ist nichts weiter bekannt. Es ließen sich keinerlei biografische Daten über ihn auffinden.

Nach der Katastrophe von Stalingrad und nach der Kapitulation der 6. Armee wurde die T. Div. zurück an die sowjetische Front verlegt. Wilhelm Z. kehrte mit der T. Div. im Februar 1943 an die Ostfront zurück.[56] Die T. Div. wurde durch einen direkten Befehl Hitlers aus Frankreich zurückgerufen, um die sowjetische Winteroffensive zu stoppen. Am 14. Februar kamen die letzten Truppen der T. Div. auf dem Bahnhof in Kiew/Ukraine an.[57] Mit dabei war Karl-Heinz Timm, der Bruder von Uwe Timm. Sein Tagebuch beginnt am 14. Februar 1943.[58]

Es kam zu sexuellen Übergriffen. Der bereits genannte Regimentskommandeur der T. Div., Helmuth Becker, dessen Benehmen schon in Frankreich aufgefallen war, hielt sich im Frühjahr 1943 in seinem Befehlsstand an der Front ukrainische Prostituierte. Ihm wurde am 21. Oktober 1943 von dem Regimentsarzt Dr. K.-H. Bockhorn vorgeworfen, russische Frauen in der Öffentlichkeit vergewaltigt und sich als Regimentskommandeur an vorderster Front »sinnlos betrunken« zu haben.[59] Seine Verfehlungen militärischer und sexueller Art waren so schlimm, dass sie sogar der SS peinlich waren.[60]

Er avancierte dennoch vom *Regiments*kommandeur am 19. Juli 1944 zum *Divisions*kommandeur. Er nahm mit der T. Div. im August 1944 an der Niederwerfung des Warschauer Aufstands teil. Am 1. August 1944 hatte der Aufstand der polnischen Heimatarmee in Warschau begonnen. Die SS rückte ein, um den Aufstand niederzuschlagen und den Befehl Himmlers zur totalen Zerstörung Warschaus zu befolgen.[61]

---

[56] Meldebogen auf Grund des Gesetzes zur Befreiung von Nationalsozialismus und Militarismus vom 5. März 1946 von Wilhelm Z.

[57] Sydnor 2007, S. 218.

[58] Timm 2022, S. 15 u. 93.

[59] Sydnor 2007, S. 260.

[60] Ebenda.

[61] Kershaw 2011, S. 144 u. 574. Auch an der Niederschlagung des Aufstands im *Warschauer Ghetto* von 16.4.–16.5.1943, also gut ein Jahr früher, nahmen Angehörige der Waffen-SS teil. Der Befehlshaber Jürgen Stroop (1895–1952) berichtete anschließend: »Je länger der Widerstand andauerte, desto härter wurden die Männer der Waffen-SS, Polizei und der Wehrmacht, die stets beispielhaft ihren Mann standen.« Stroop hatte zu Kriegsbeginn 1939 am Überfall auf Polen teilgenommen, anschließend wurde er zur T. Div. versetzt, er diente in der Etappe. Ob Angehörige der T. Div. am Kampf im Ghetto teilnahmen, wird nicht mitgeteilt (Wikipedia, 13.2.2024).

Angehörige der Waffen-SS, wahrscheinlich im Osten. (Aufnahmedatum unbekannt)

Helmuth Becker wurde im November 1947 von einem sowjetischen Gericht zu zwei mal 75 Jahren Haft verurteilt und kam nach Swerdlowsk. In einem erneuten Prozess 1952 wurde er zum Tode verurteilt und 1953 in Rostow hingerichtet.[62]

In Kiew erging 1943 der Befehl, dass die T. Div. nach Poltawa vorzurücken habe. Sie wurde nach Südrussland verlegt. Die Verlegung und also die Massierung von Truppen an der Ostfront hatte mit der Katastrophe in Stalingrad zu tun. Die T. Div. wurde mit den SS-Divisionen »Das Reich« und »Leibstandarte Adolf Hitler« vereinigt zum II. SS-Panzerkorps.

Die SS-Division »Reich« entstand aus »jener berüchtigten« Totenkopfstandarte, die in Polen ein »schändliches Verhalten« an den Tag gelegt hatte. Im November 1940 befahl Himmler für die Standarte die neue Bezeichnung SS-Division »Das Reich«.[63]

Am 26. Februar 1943 kam Theodor Eicke, der Gründer von Waffen-SS und KZ-System und der Kommandeur der T. Div., bei einem Flugzeugabschuss ums Leben. Er war mit seiner Fieseler Storch auf der Suche nach seinem Schwiegersohn in niedriger Höhe über feindliches Terrain geflogen.

---

[62] Wikipedia (24.11.2023).
[63] Sydnor 2007, S. 115.

Aus dem Tagebuch von Karl-Heinz Timm

Karl-Heinz Timm notierte am 14. März 1943 in sein Tagebuch:[64] »Iwans greifen an. Mein überschweres Beute-Fahr-MG schießt wie toll, ich kann die Spritze kaum halten, paar Treffer.« Am 15. März: »Wir gehen auf Charkow vor, kleine Reste der Russen.« 16. März: »In Charkow.«

In der ersten Märzhälfte 1943 eroberte die T. Div. Charkow zurück. Denn Charkow (heute: Charkiw) war schon einmal – ein erstes Mal – von den Deutschen besetzt worden.[65] Das war im Oktober 1941, also anderthalb Jahre zuvor. Die 6. Armee von Feldmarschall von Reichenau hatte die Stadt mit 450.000 Einwohnern eingenommen. Die Lebensmittelvorräte reichten nicht für alle. Das Oberkommando der 6. Armee drängte darauf, die Juden durch den Sicherheitsdienst der SS (SD) »behandeln« zu lassen.[66] Am 14. September 1941 wurde den Juden der Stadt auf Plakaten befohlen, sich in einem Traktorenwerk 12 km außerhalb vom Zentrum einzufinden. An der Jahreswende 1941/42 wurden etwa 15.000 Männer, Frauen und Kinder vom Sonderkommando 4a der Einsatzgruppe C und vom Polizeibataillon 314 ermordet. Die Juden wurden außerhalb der Stadt in Balki, Schluchten, erschossen oder in Gaswagen erstickt. Am Ende der einjährigen Besatzungszeit gab es außerdem an die 30.000 Hungertote in Charkow, die Säuglingssterblichkeit betrug 50%.[67]

Anderthalb Jahre später, im März 1943, hatten die Deutschen bei Charkow »noch einmal gezeigt, was in ihnen steckte«. So beschrieb der Russe Konstantin Simonow in seiner Trilogie über den Zweiten Weltkrieg die Situation. »Der letzte Sommer« betitelte er den dritten Band. Er meinte, dass die Deutschen im Sommer 1943 zwar »alle verfügbaren Kräfte in den Kampf« warfen. Die Deutschen kämpften zwar befehlsmäßig weiter, »zweifelten aber schon selber an ihren Erfolgschancen«.[68]

Am 17. März 1943 notierte Karl-Heinz Timm in sein Tagebuch: »Ich führe nur Befehle aus, und alles andere geht mich nichts an – was nützt es mir, wenn

---

[64] Timm 2022, S. 15–17 u. 76.

[65] Eckl, L.: »Dafür hängen einen die Deutschen, aber hungrig muss ich Risiken eingehen.« Besatzungsalltag in der Charkiwer Oblast im Zweiten Weltkrieg, in: Bulletin des Fritz Bauer Instituts 15: 2023, Ausgabe 24, S. 18–27.

[66] Hoppe, B.: Holocaust in der Ukraine. Vom antijüdischen Terror zum arbeitsteiligen Völkermord, in: ebenda, S. 6–17.

[67] Streit, Chr.: »Und dann wollen wir uns ja im Osten gesundstoßen«, in: Heer/Streit 2020, S. 141–170, hier: S. 161.

[68] Simonow, K.: Die Lebenden und die Toten. Romantrilogie Teil 3: Der letzte Sommer, Verlag Volk und Welt, Berlin (DDR) 1981, S. 18.

ich das EK habe und mir fehlt eine Hand […]« Am 18. März: »Unaufhörliche Bombenangriffe der Russen, 1 Bombe in unser Quartier, 3 Verwundete. Mein Fahr-MG schießt nicht, ich nehme mein MG 42 und knalle drauf 40 Schuss. Dauerfeuer.« Am 21. März: »Donez. Brückenkopf über den Donez. 75 m raucht Iwan Zigaretten, ein Fressen für mein MG.«

Bereits im März 1943 ergingen erste Anweisungen an die Heeresgruppen für einen Angriff auf den Kursker Bogen. Die deutsch-sowjetische Front verlief zu diesem Zeitpunkt ziemlich gradlinig in nord-südlicher Richtung vom Ladoga-See bis zum Asow'schen Meer. Nur westlich von Kursk war eine Ausbuchtung, die der »Kursker Bogen« genannt wurde. Diese Ausbuchtung sollte nach Ansicht der Deutschen begradigt werden.[69] Im Mai 1943 schickte Hans Frank, der Generalgouverneur des Generalgouvernements Polen, der T.Div. 500 Armbanduhren, die von Häftlingen in Auschwitz eingesammelt worden waren.[70]

Die Kursk-Offensive, »Zitadelle« genannt, begann am 5. Juli 1943. Daran nahmen 33 deutsche Divisionen teil.[71] Die T.Div. war an der Panzerschlacht von Kursk beteiligt, ferner die SS-Divisionen »Das Reich« und die »Leibstandarte Adolf Hitler«. Diese drei SS-Divisionen firmierten wie gesagt unter dem Namen II. SS-Panzerkorps und verfügten insgesamt über 42 Kampfpanzer »Tiger«. Die Wehrmachtseinheiten hatten *insgesamt* nur 15 Tiger-Panzer. Die drei SS-Divisionen bekamen für ihre überragenden Erfolge höchste Anerkennungen. Die Schlacht dauerte nur wenige Tage. Karl-Heinz Timm schrieb in sein Tagebuch:[72]

5. Juli 1943 »0.30 Abfahrt zum Bereitstellungsraum […] Ab 4 Uhr Stukaangriff. TV (Totenkopfverbände) im Angriff über Minenfeld […] Panzer durch Bach geschleust. Tiger bleiben stecken, nichts zu essen […] Brücke ausgebessert […] Tiger Ketten ganz ausgerissen. Nacht auf Rollbahnstellung […]«

6. Juli 1943 »Fahrt in neuen Angriffsraum. Durchkommen unmöglich. Um 4 Uhr greifen 73 russische Panzer an. Ganz schwere Dinger […] Mit Vollgas aus dem Flammenmeer. Reisse den Panzer aus dem Feuer der Russen, sind raus […]«

---

[69] Eickhoff, M./Pagels, W./Reschl, W.: Der unvergessene Krieg, Verlagsgesellschaft Schulfernsehen, Köln 1981, S. 103–110.

[70] Sydnor 2007, S. 271.

[71] Töppel, R.: Waffen-SS und Wehrmacht in der Schlacht bei Kursk, in: Schulte u.a. 2014, S. 317–335.

[72] Timm 2022, S. 58 u. 95–99

7. Juli 1943 »Unsere Panzer kommen hier nicht durch und gehen links zum Angriff über.«

8. Juli 1943 »Großes Entsetzen [...] verfahren, auf der Rollbahn übernachtet.«

9. Juli 1943 »Ankommen bei der Panzer Di Komp [Divisions-Kompanie]. Nach zwei Stunden Abmarsch zum neuen Einsatz, im Wald übernachtet. Flieger kommen, einfach toll, wie das kracht.«

10. Juli 1943 »Kein Einsatz. Im Wald. Essen gut.«

11. Juli 1943 »Ich habe Wache. Es geht ab. Im Bereitstellungsraum, morgens Ankunft.«

12. Juli 1943 »Absitzen. Holz fällen, damit Panzer durchkommen. Abends in Stellung.«

13. Juli 1943 »Panzer T 34 am Loch vorbei, wir müssen zurück, enorme Übermacht [...] Kriel und Jauch verwundet und vermisst [...] tolles MG-Feuer der Russen auf uns [...] um 2 Uhr Lemke und ich vor, um Kriel und Jauch zu holen. Schuss am Stahlhelm. MG, es geht nicht, wir müssen zurück [...]«

Am 20. Juli 1943 schrieb Karl-Heinz Timm an seinen Vater. »Seit 5. Juli stand unser Zug [...] im Kampf bis heute, wo der Gegenstoß beendet ist, den Erfolg hast du sicher in der Zeitung gelesen. Es waren schwere Kämpfe, an manchen Stellen liegen [die] Panzer nur 50–100 m auseinander, manchmal 3 aneinander. Wir sind mit unserem Schützenpanzer mit [dem] T 34 um die Wette gekurvt, bis der T 34 einen vom [...] Tiger verpasst bekommen hat. Ich werde dir später alles schildern.«[73]

Die deutsche Offensive begann am 5. Juli 1943 mit 900.000 deutschen Soldaten, 10.000 Geschützen, 1.026 Panzern und 1.830 Flugzeugen. Dem standen 1,3 Millionen Rotarmisten mit 20.300 Geschützen, 3.600 Panzern und 2.600 Flugzeugen gegenüber.[74] Die Deutschen zahlten einen hohen Preis. Von der Ausgangsstärke der T. Div. von 19.795 Mann wurden 503 getötet, 2.103 verwundet und 38 vermisst.[75] Die T. Div. verlor 13% ihrer Männer und 7% ihrer Panzer. Bei dem Übergewicht der Sowjets kam es zu einem Debakel, bei dem Zehntausende starben. Die T. Div. musste nach der Schlacht von Kursk für mehrere Wochen aus der Frontlinie herausgenommen werden. Sie erlitt eine irreversible Schwächung.

Am 25. Juli 1943 war Karl-Heinz Timm in der Nähe von Konstantinowka, etwa 200 km südlich von Charkow. Er schrieb in einem Brief,[76]

---

73 Ebenda, S. 58.

74 Ebenda, S. 97.

75 Töppel 2014, S. 328.

76 Timm 2022, S. 91.

dass sie in ein schönes Quartier umgezogen seien, »schön sauber und penibel wie bei uns.« Hier unten gebe es auch sehr viele hübsche junge Mädchen, »darum brauchst du es nicht mit der Angst zu tun kriegen, ich lache mir ja doch eine an – äh ich meine, ich lache mir doch keine an.« Und er fuhr fort, dass »die Leute hier scheinbar noch nichts mit der SS zu tun gehabt« hätten. Denn sie freuten sich alle, winkten, brächten Obst usw., »bisher lag nur die Wehrmacht in den Quartieren.«

Der jüngere Bruder von Karl-Heinz, der Schriftsteller Uwe Timm, wunderte sich etliche Jahrzehnte später über den Satz »noch nichts mit der SS zu tun gehabt«, sondern nur mit der Wehrmacht. Also wusste sein älterer Bruder Karl-Heinz Timm von den Kriegsverbrechen der SS in der Ukraine.

Am 29. Juli 1943 ging das Kämpfen weiter. Karl-Heinz Timm schrieb in sein Tagebuch »8 Uhr steigt der Angriff.«[77] Sie müssten Minen vor den Panzern aufnehmen, »toller Feuerzauber vom Russen«. Karl-Heinz wurde verwundet. »Beim Hauptverbandsplatz. Spritze und verbunden. Werden zum Tross geschickt – im Soldatenübernachtungsheim übernachtet – im H.V.P. (Hauptverbandsplatz) Marmeladestullen gegessen.«

Bei den dann folgenden Kämpfen notierte Karl-Heinz Timm am 4. August 1943 in sein Tagebuch: » Es geht wieder nach Belgorod [75 km nordöstlich von Charkow]. Wehrmacht kann nicht halten. Russe ist durchgebrochen.« Am 5. August: »Russische Rabbatzflieger greifen die kilometerlange Kolonne an. Spritfahrzeuge gehen hoch. Tote und Verwundete in der Kompanie.« Am 6. August: »Die Fahrt geht weiter.« Dann folgt ein letzter, undatierter Eintrag: »Hiermit schließe ich mein Tagebuch, da ich für unsinnig halte, über so grausame Dinge wie sie manchmal geschehen, Buch zu führen.«[78]

Bei dem Rückzug der Deutschen im Herbst 1943 aus Charkow kam es zu Gräueltaten, die dem neuen Divisionskommandeur Max Simon[79] angelastet wurden. Die Vorwürfe vonseiten der Sowjets konnten allerdings nicht erhärtet werden.[80]

Wilhelm Z. machte die Schlacht am Kursker Bogen als Truppenarzt mit. Am 2. September 1943 bekam er das Eiserne Kreuz (EK) I. Klasse. Unterschrieben

---

[77] Ebenda, S. 93.

[78] Ebenda, S. 123f.

[79] Max Simon war Freikorpsmitglied, anschließend wurde er in die Reichswehr übernommen, er trat am 1.5.1933 der SS bei, er stammte aus Eickes »Dachauer Schule« (Weise 2013, S. 16) und war nach dem Tod von Eicke bis März 1943 und dann wieder vom 15.5. bis 22.10.1943 Kommandeur der T. Div. Er wurde nach dem Krieg von den Briten verurteilt wegen der Hinrichtung von italienischen Zivilisten (Sydnor 2007, S. 42 u. 259f.; Wikipedia, 20.11.2023).

[80] Sydnor 2007, S. 259.

war die Urkunde in Vertretung des Divisionskommandeurs von SS-Gruppenführer und Generalleutnant der Waffen-SS Hermann Prieß.[81] Und am 20. Oktober 1943 erhielt Wilhelm Z. das Panzerkampfabzeichen in Bronze.

Der Rückzug der Deutschen Richtung Westen wurde übereilt durchgeführt. Die Dnjpr(Dnipro)-Übergänge waren von Fahrzeugen verstopft. Die wenigen Brücken führten zu Staus. Der Fluss war eine natürliche Barriere, die sich durch die Ukraine von Norden nach Süden zog. Die »Russen« wurden in Kämpfen, die den ganzen September über andauerten, auf Distanz gehalten. Hunderttausende Rotarmisten verloren ihr Leben. Am 19. September 1943 wurde Karl-Heinz Timm am Dnipro verwundet. Er muss eine ganze Nacht lang dort am Ufer gelegen haben, mit zerfetzten Beinen.[82] »When darknesss comes, and pain is all around, like a bridge over troubled water.«

Im Sommer 2024 gibt es wieder Kämpfe an den Ufern des Dnipro. Aber die Kriegsgegner sind jetzt andere. Am Westufer stehen die Ukrainer und am Ostufer die Russen. Der Fluss stellt wieder eine Barriere dar, die schwer zu überqueren ist. Im Sommer 2024 sind alle Brücken zerstört.[83]

Am 30. September 1943 schrieb Karl-Heinz Timm an seinen Vater:[84]

»Leider bin ich am 19. schwer verwundet. Ich bekam einen Panzerbüchsenschuss durch beide Beine, die sie mir nun abgenommen haben. Das rechte Bein haben sie unter dem Knie abgenommen, sehr große Schmerzen hab ich nicht mehr, tröste die Mutti, es geht alles vorbei, in ein paar Wochen bin ich in Deutschland, dann kannst du mich besuchen, ich bin nicht waghalsig gewesen.«

Am 9. Oktober 1943 schrieb Karl-Heinz an seine Mutter:

»Dem Papa habe ich schon geschrieben, dass ich schwer verwundet bin. Nun will ich auch dir schreiben, dass man mir beide Beine abgenommen hat. Nun denke nicht, sie haben mir die Beine bis zum Hintern abgenommen. Das rechte Bein ist 15 cm unterm Knie abgenommen und das linke 8 cm überm Knie. Große Schmerzen habe ich keine. Liebe Mutsch, nun weine deswegen

---

[81] Ebenda, S. 263. Hermann Prieß war im März/April 1943 und von Oktober 1943 bis Juni 1944 Kommandeur der T. Div. Dann wurde er von Helmuth Becker abgelöst, der vom 19. Juli 1944 bis zum 8. Mai 1945 Kommandeur war. Hermann Prieß wurde in der Nachkriegszeit angeklagt wegen des Malmédy-Massakers in den Ardennen im Oktober 1944. Wikipedia (18.11.2023). Die fünf größten Massaker der Waffen-SS (Le Paradis, Tulle, Oradour sur Glane, Malmédy, Marzabotto) »wurden entweder von Einheiten der T. Div. begangen« oder hatten mit Männern zu tun, »deren brutale Ideologie zumindest teilweise ihren Erfahrungen in der T. Div. entstammte« (Sydnor 2007, S. 263).

[82] Timm 2022, S. 31.

[83] Putzbach, R./Savchuk, A.: Kein sicheres Ufer, in: FAZ vom 15.6.2024.

[84] Timm 2022, S. 8.

[nicht]. Sei tapfer, ich werde mit meinen Prothesen genauso laufen können wie früher, außerdem ist der Krieg für mich aus, und du hast deinen Sohn wieder, wenn auch schwerbeschädigt […].«[85]

Sechs Tage später, am 16. Oktober 1943, um 20 Uhr starb SS-Sturmmann Karl-Heinz Timm im Feldlazarett 623 in der Ukraine. Er war 19 Jahre alt, und er war nur zehn Monate Soldat. Er wurde in Snamjenka begraben, in dem »Heldengrab L 302«, wie es in dem Brief des SS-Lazarettarztes heißt.[86]

Ende der Kriegshandlungen

Die T. Div. setzte über den Fluss Dnipro über. Der Name der Einheit SS-Panzergrenadierdivision »Totenkopf« bestand bis zum 19. Oktober 1943. Ab diesem Zeitpunkt hieß die Einheit 3. SS-Panzerdivision »Totenkopf«. Sie verfügte immer noch über 20.000 Mann.

Am 27. Oktober 1943 waren die Soldaten der T. Div. in Kriwoi Rog, westlich vom Dnipro. Die sowjetischen Truppen griffen an. Am 18. November 1943 wurde Wilhelm Z. verwundet.[87] Die Deutschen mussten Kriwoi Rog Ende Februar 1944 aufgeben.[88] Die Rote Armee war überlegen.

Wilhelm Z. wurde ins Reservelazarett IV nach Frankfurt gebracht. Dort blieb er bis zum 25. Dezember 1943. Er wurde ins niederschlesische Reservelazarett Glogau (polnisch Glogów) verlegt, von wo aus er am 23. August 1944 entlassen wurde. Als Folge der Verwundung behielt er ein um 5 cm verkürztes rechtes Bein. Es bestand eine Pseudarthrose, ein »Falschgelenk« aufgrund des Knochenbruchs, weshalb ein Schienen-Hülsen-Apparat getragen werden musste. Das rechte Fußgelenk blieb versteift. Er hatte eine Versehrtenstufe III mit einer Erwerbsminderung von 70%.

Nach Entlassung aus dem Lazarett war Wilhelm Z. für kurze Zeit in der Sanitätsersatzabteilung der Waffen-SS in Stettin tätig. Danach wurde er im SS-Lazarett Prag als Stationsarzt der Inneren Abteilung eingesetzt. Er hatte den Rang eines SS-Hauptsturmführers, der dem eines Stabsarztes der Wehrmacht entsprach (siehe Tabelle 3). Seine Ehefrau Ilse besuchte ihn in Prag. Und neun Monate später, im August 1945, wurde das dritte Kind, eine Tochter, geboren.

---

[85] Ebenda, S. 30.

[86] Ebenda, S. 121.

[87] Meldebogen Befreiungsgesetz von Wilhelm Z.

[88] Sydnor 2007, S. 218–243.

Tab. 3: Ränge von SS-Sanitätsdienst, Sanitätsoffizierskorps u. Allgemeinem Offizierskorps

SS-Sanitätsdienst	Sanitätsoffizierskorps	Allg. Offizierskorps
–	–	Generalfeldmarschall
Oberstgruppenführer	–	Generaloberst
Obergruppenführer	Generaloberstabsarzt	General der Infanterie
Gruppenführer	Generalstabsarzt	Generalleutnant
Brigadeführer	Generalarzt	Generalmajor
Oberführer	–	–
Standartenführer	Oberstarzt	Oberst
Obersturmbannführer	Oberfeldarzt	Oberstleutnant
Sturmbannführer	Oberstabsarzt	Major
Hauptsturmführer	Stabsarzt	Hauptmann
Obersturmführer	Oberarzt	Oberleutnant
Untersturmführer	Assistenzarzt	Leutnant

Quellen: Trials of War Criminals, Vol. II, S. 331; Kogon 1999, S. 64

Nachkriegszeit

Wilhelm Z. wurde am 4. Mai 1945 gefangen genommen. Er war wegen seiner Zugehörigkeit zur SS in verschiedenen Internierungslagern inhaftiert, zuletzt im amerikanischen Internierungslager Regensburg. Da musste er am amerikanischen Reeducation-Programm teilnehmen. Damit sollte die Umerziehung der Nazigefangenen zu Staatsbürgern zum Aufbau einer demokratischen Gesellschaft erreicht werden. Nach zweijähriger Haft wurde er am 9. April 1947 nach Aufhebung des »automatischen Arrests«[89] unter Bezug auf die »USFET[90] Direktive vom 13. Juli 1946 wegen einer Versehrtenstufe III und IV [Schwerversehrter] entlassen«.

Wilhelm Z. kehrte zu seiner Familie, die in einen kleinen Ort namens Spielberg wegen der drohenden Bombardierungen evakuiert worden war, zurück.

[89] Nach Kriegsende fahndete das CIC (Counter Intelligence Corps = amerikanischer Nachrichtendienst/Geheimdienst) in den besetzten Gebieten nach Personen, die in die Kategorie des automatic arrest fielen, d.h. nach NS-Kriegsverbrechern, Mitgliedern der SS und der Gestapo sowie höheren Wehrmachtsoffizieren und herausragenden Nationalsozialisten. Schöck-Quinteros, E. (Hrsg.): »Was verstehen wir Frauen auch von Politik?« Universität Bremen, Bremen 2011, S. 54.

[90] USFET = United States Forces European Theater

Die Familie war mittellos. Am 19. Oktober 1947 wurden die drei Kinder evangelisch getauft. Das älteste Kind war bereits sechs Jahre alt. Beide Eltern waren in der NS-Zeit aus der Kirche ausgetreten. Sie hofften nun wohl, dass die Kirche helfen würde, was sie aber nicht tat.

Im Spruchkammerverfahren zur Entnazifizierung beantragte der öffentliche Kläger am 10. März 1948, Wilhelm Z. in die Gruppe II der Aktivisten einzureihen. Das »Gesetz zur Befreiung von Nationalismus und Militarismus« war am 5. März 1946 von den Ministerpräsidenten der US-Zone in Abstimmung mit der amerikanischen Militärregierung erlassen worden. Am 30. April 1948 wurde Wilhelm Z. von der Spruchkammer als »Aktivist« (Gruppe II: Belasteter) eingestuft. Nach Artikel 7 des sogenannten »Befreiungsgesetzes« war Aktivist, »wer durch seine Stellung oder Tätigkeit die Gewaltherrschaft der NSDAP wesentlich gefördert hat; wer seine Stellung [...] zu Zwang und Drohung, zu Gewalttätigkeiten, zur Unterdrückung [...] ausgenützt hat [...]«[91] Als mögliche Sühne sah das Gesetz für »Belastete« eine Haftstrafe von (höchstens) fünf Jahren vor, Einzug des Vermögens, Verbot der Annahme eines öffentlichen Amts, Verlust von Rente oder Pension und eine Berufseinschränkung.[92] Wilhelm Z. wurden die Verfahrensgebühren von 326 RM und eine Sühne von 600 RM auferlegt. Der Spruch wurde am 11. Mai 1948 rechtskräftig. Er hatte kein Geld und bat um Ratenzahlung. Neun Monate später wurde sein viertes Kind, wieder eine Tochter, geboren. Diese Tochter wurde allerdings nicht getauft.

Dann kam es aber doch zu einer Umstufung. Letztendlich wurde Wilhelm Z. als »Mitläufer« (Gruppe IV) eingestuft. Als Mitläufer galt nach dem Gesetz derjenige, der nur »nominell« der NSDAP angehörte. Damit war es ihm möglich, seinen Beruf als Arzt wieder auszuüben.

Er konnte sich am 1. Juni 1949 erneut niederlassen und eine allgemeinärztliche Praxis eröffnen.

Wilhelm Z. war im Krieg morphiumabhängig geworden. Auch nach dem Krieg konnte er sich als Arzt Morphium über Rezepte selbst verschaffen. Geschickt verstand er, dies zunächst zu verbergen. Wahrscheinlich aufgrund einer Anzeige eines Apothekers an die Ärztekammer musste er sich einer mehrere Wochen dauernden Behandlung der Morphium-Abhängigkeit in einer psychiatrischen Klinik unterziehen, da ihm sonst die Approbation als Arzt entzogen werden würde. Eine weitergehende psychische Behandlung seiner

[91] Schöck-Quinteros 2011, S. 37–45.
[92] Ebenda, S. 21.

Abhängigkeit war damals nicht üblich. Wie in vielen anderen Familien auch wurde über die SS-Vergangenheit von Wilhelm Z. geschwiegen.

Wilhelm Z. verstand sich nach dem Krieg als engagierter praktischer Arzt, der im Laufe der Jahre einen großen Patientenstamm zu betreuen hatte. 1978 musste er seine Praxis krankheitsbedingt aufgeben. Das Ehepaar zog nach Südspanien, um den Lebensabend dort zu verbringen. Bereits zwei Jahre später verstarb Wilhelm Z. am 8. September 1980.

Zu seinen Patienten gehörten viele aus dem Arbeitermilieu. Lange Zeit betreute er als Arzt eine Siedlung, in der Obdachlose, Flüchtlinge und Arbeitslose in Baracken und Wohnwagen untergebracht waren; die Siedlung existiert heute nicht mehr. In den 50er-Jahren nahm die Familie Z. wiederholt an den Ostermarsch-Kundgebungen auf dem Frankfurter Römerberg teil. Im Rahmen der ärztlichen Praxis kam es auch zu Kontakten zur DKP. Ebenfalls zur Organisation »Zentrale Arbeitsgemeinschaft (ZAG) – Frohe Ferien für alle Kinder«, eine Interessengemeinschaft, welche sich in den Nachkriegsjahren für die Intensivierung des »Kindersozialtourismus« in West-Deutschland und West-Berlin einsetzte.

Zwischen 1954 und 1960 wurde westdeutschen Kindern hauptsächlich aus kinderreichen, arbeits- und mittellosen Familien der Aufenthalt in Ferienlagern der DDR an der Ostsee, im Harz oder im Thüringer Wald kostenlos oder gegen ein geringes Entgelt ermöglicht. Die Ferienfahrten wurden in der Hochzeit des Kalten Kriegs zu einer politischen Angelegenheit, und schließlich erfolgte am 7. Juli 1961 ein Verbot der ZAG durch die Innenminister der Länder – kurz vor dem Bau der Berliner Mauer.[93]

Das vierte Kind

Wilhelm Z. und seine Ehefrau bekamen Einladungen von Funktionären der DDR, die ihnen eine Teilnahme an Tagungen und auch Reisen ermöglichten. Dabei kam es zu Kontakten zum Ministerium für Volksbildung der DDR, das als oberste Behörde für die Schulverwaltung und die Jugendfürsorge zuständig war. Von dort gab es das Angebot, die jüngste Tochter Eva in das Kinderheim Königsheide »A.S. Makarenko« in Ost-Berlin unterzubringen und sie dort zur Schule gehen zu lassen. Dies geschah auch.

---

[93] www.bpb.de/themen/deutschlandarchiv/53123/frohe-ferien-in-der-ddr/.

Auf den russisch-ukrainischen Pädagogen Makarenko geht das Konzept der Kollektiverziehung zurück, das auf verinnerlichte Selbstdisziplin, Selbstverwaltung und nützlicher Arbeit beruht. Die Kinder sollten zu sozialistischen Persönlichkeiten erzogen werden.

Eva war damals neun Jahre alt, und sie konnte sich zunächst nur sehr schwer mit ihrer neuen Situation abfinden. Wie alle anderen Kinder wurde sie Mitglied der Jungen Pioniere, nahm auch an der Jugendweihe teil und wurde später Mitglied der FDJ. Eva blieb im Kinderheim Königsheide von 1959 bis 1963. In den Schulferien konnte sie nach Hause fahren und erhielt aus dem Ministerium in Ost-Berlin jeweils eine Ausreisebescheinigung.

Im August 1961, als am Dreizehnten von der DDR eine Mauer zwischen Ost- und West-Berlin errichtet wurde, war Eva gerade in den Ferien bei ihren Eltern. Am Ende der Ferien beschlossen die Eltern, ihre jüngste Tochter dennoch in das Kinderheim nach Ost-Berlin zurückzuschicken.

Ab 1963 erhielt Eva einen Platz in der Erweiterten Heim-Oberschule Schulpforte bei Naumburg an der Saale. Die Internatsschule (auch Schulpfort*a* genannt) befand sich in den Mauern des 1137 gegründeten Zisterzienserklosters zur Pforte. Im Rahmen der Säkularisierung wurde 1443 durch den Kurfürsten Moritz von Sachsen-Anhalt das Kloster in eine Landesschule als Gelehrtenschule für die Verwaltungsbeamten der sächsischen Regierung umgewandelt. Viele berühmte Männer erhielten ihre Ausbildung in Schulpforta. Sie mussten den pädagogischen Drill im sogenannten Gelehrtensilo über sich ergehen lassen.

Unter dem Nationalsozialismus fand der Drill unter anderen politischen Vorzeichen statt. Denn 1935 wurde Schulpforta in eine Nationalpolitische Erziehungsanstalt (Napola) umgewandelt.[94]

In der DDR war der polytechnische Unterricht ein Pfeiler im Bildungssystem. Neben der vierjährigen Schulausbildung lag in der Klasse von Eva der Schwerpunkt im Fach Polytechnik in der Ausbildung zur Krankenpflege.

Auch in der Zeit in Schulpforte konnte Eva regelmäßig in den Schulferien nach Hause zu den Eltern fahren. Es war – wie Eva erinnerte – eine »Wanderung zwischen zwei Welten«. Sie hatte das Gefühl, ein »Paradiesvogel« zu sein. Sie hatte gelernt, im DDR-System zu leben, eher keine Fragen zu stellen und sich anzupassen. Geholfen hatte ihr der gute Zusammenhalt ihrer Schulklasse.

---

[94] Leeb, J.: »Wir waren Hitlers Eliteschüler«. Ehemalige Zöglinge der NS-Ausleseschulen brechen ihr Schweigen, Rasch und Röhring, Hamburg 1998, S. 65–73.

1967 macht Eva Abitur und legte ein halbes Jahr später die Facharbeiterprüfung zur Krankenschwester ab. Auf eigenen Wunsch kehrte sie wieder in die Bundesrepublik zurück zu ihren Eltern, was problemlos vonstatten ging.

Hier musste sie sich auf die neue Situation im bundesrepublikanischen System umstellen. Aufgrund der Krankenpflegeausbildung lag es für sie nahe, zunächst mit einer medizinischen Ausbildung zur Medizinisch-Technischen Assistentin (MTA) daran anzuschließen. Das verschaffte ihr die Möglichkeit, sich in der »Westkultur« zurechtzufinden und sich darin allmählich zu integrieren. Später erfuhr sie, dass das DDR-Abitur in Hessen anerkannt wurde, und sie schrieb sich an der Frankfurter Goethe-Universität für das Fach Soziologie ein.

Es war an einem Abend bei einem Besuch bei ihren Eltern – Eva lebte nicht mehr zu Hause, sondern in einer WG –, als Evas Vater im Verlauf des Gesprächs sagte, dass er Mitglied bei der Waffen-SS gewesen sei. Ebenfalls kam er darauf zu sprechen, dass er das Angebot hatte, als Arzt in einem KZ tätig zu sein. Dies hätte er abgelehnt und sich für den Einsatz an der Front entschieden. Er habe nach dem Krieg Einladungen von alten SS-Kameraden bekommen, an diesen Treffen aber nie teilgenommen.

Eva war über diese Informationen sprachlos und geschockt. Vor allem, weil sie ein völlig anderes Bild von ihrem Vater hatte. Nach seinem Tod begann sie mit Nachforschungen über seine SS-Vergangenheit bei den einschlägigen Archiven. Sie studierte die Unterlagen seines Spruchkammerverfahrens zur Entnazifizierung. Später nahm Eva an einem Seminar des Psychotherapeuten Tilmann Moser teil mit dem Titel »Dabei war ich doch sein liebstes Kind – Kinder von Nazivätern«. Am Ende des Seminars gab Tilmann Moser ihr den Rat, sich einer Therapie zu unterziehen, da sie das Problem sowohl ihrer Vergangenheit als auch der ihres Vaters nicht allein bewältigen könne. Eva befolgte den Rat, holte sich Hilfe bei einem Psychotherapeuten und kann heute selbstbewusst und ohne Ängste über alles sprechen.

3. Ärzte der Waffen-SS

Wie kamen die Ärzte zur Waffen-SS? Gingen sie freiwillig zur Waffen-SS oder zwangsweise? Wurden sie automatisch mit Kriegsbeginn zur Waffen-SS eingezogen, weil sie Mitglieder der Allgemeinen SS waren? Welche biografischen Merkmale führten sie zur Allgemeinen SS? Wenn unterstellt wird, dass die meisten sich ohne Zwang entschieden, der Waffen-SS beizutreten, dann entsteht die nächste Frage: *Warum* wurden sie Angehörige der SS-Truppen? Und dann erhebt sich auch die Frage: Waren die Ärzte der Waffen-SS an Kriegsverbrechen beteiligt? Zweck ist zu klären, ob es bestimmte biografische Muster gibt, die diese Ärzte der SS-Truppen auszeichnen. Gab es bestimmte Ereignisse im Leben der jungen Ärzte, die ihnen den Weg in die Waffen-SS oder in die Allgemeine SS ebneten und die dazu führten, dass der eine Arzt zur Waffen-SS kam, während der andere zur Wehrmacht eingezogen wurde?

Stefan Hördler postuliert, dass die Fluktuationen zwischen dem ärztlichen KZ-Personal und den Ärzten der Waffen-SS im Feld besonders groß gewesen seien: »SS-Ärzte pendelten als KZ-Lager- und SS-Truppenärzte oft mit kurzfristigen Kommandierungen, gleichzeitig waren sie entscheidend an Folter und Mord von KZ-Häftlingen beteiligt.«[1] Besonders häufige Versetzungen hin und her soll es bei der T. Div. gegeben haben.[2] Stimmt das?

Kurzbiografien

Im Folgenden werden Kurzbiografien von 47 Ärzten der Waffen-SS in alphabetischer Reihenfolge vorgestellt. Die Biografien von Wilhelm Z. und Oskar Hock und Hermann Eckert wurden im vorherigen Kapitel erörtert. Im Ganzen liegen der hiesigen Untersuchung somit Informationen von 50 Ärzten der Waffen-SS zugrunde.

Willi Baumert (1909–1984) trat schon am 1.2.1932 in die NSDAP ein und 1933 in die SS mit der Mitgliedsnr. 86.126. Er promovierte 1935 in Göttingen und war dort in der Pathologie beschäftigt. 1936–40 war er in der Landesheil- und Pflegeanstalt (LHPA) Osnabrück angestellt. Ab 1940 als

---

[1] Hördler 2014, S. 89.

[2] Sydnor 2007, S. 265.

Angehöriger der Waffen-SS in Wunstorf eingesetzt, wurde er für eine Wochenhälfte an die LHPA Lüneburg abgeordnet. Ab April 1941 wurde er zur SS-Division »Reich« kommandiert. 1943 wurde Baumert Leiter der Kinderfachabteilung in Lüneburg und war verantwortlich für die Tötung von Kindern. Im September 1944 wurde er erneut zur Waffen-SS eingezogen; Rang: SS-Obersturmführer. 1965 wurde er aus gesundheitlichen Gründen außer Strafverfolgung gesetzt.[3]

Heinrich Baumkötter (1912–2001) wurde in Burgsteinfurt im Münsterland/Westfalen geboren. Er wurde katholisch erzogen. »Trotz seiner katholischen Erziehung wurde er am 10.1.1935 Mitglied der Allgemeinen SS« mit der SS-Mitgliedsnr. 278.430. Nach dem Medizinstudium wurde er 1939 »notapprobiert«. Mit Kriegsbeginn wurde er zu einer Einheit der Waffen-SS eingezogen. Er nahm laut Wikipedia als Truppenarzt der Waffen-SS an der Besetzung Warschaus teil. Von daher kann angenommen werden, dass er möglicherweise zu einer Einheit der Totenkopfverbände gehörte.[4] Er machte im Juni 1941 den Überfall auf die Sowjetunion mit.

Er wurde im November 1941 nach Mauthausen als Lagerarzt versetzt. Er promovierte 1942. Ab 1. Juni 1942 war Baumkötter im KZ Natzweiler/Struthof, danach ab 26. Juni kurz im KZ Niederhagen (Wewelsburg) tätig. Ab 20. Juli 1942 wurde er ins KZ Sachsenhausen versetzt, im Oktober 1942 bis 1945 war er hier Erster Lagerarzt. Er führte an KZ-Häftlingen Versuche durch. Er experimentierte mit Kokain und Pervitin; es ging um Überprüfungen, wie lange U-Boot-Besatzungen ohne Schlaf auskämen. Er injizierte anderen Häftlingen Gelbsucht-Erreger. Er brachte Häftlingen mutwillig Phosphorverbrennungen bei, um die Heilungschancen zu eruieren. Er »selektierte« arbeitsunfähige Häftlinge und bestätigte ihren Tod nach Erschießungen oder Vergasungen. Nach dem Krieg wurde er von den Briten gefangen genommen und den sowjetischen Militärs überstellt. Verurteilt im Sachsenhausen-Prozess zu lebenslanger Haft in Workuta, kam er nach Sibirien. Im Januar 1956 wurde er in die Bundesrepublik entlassen nach dem Besuch Adenauers in Moskau. 1962 wurde er in Münster zu acht Jahren verurteilt, die Haft galt als in der Sowjetunion verbüßt.[5]

Franz Freiherr von Bodmann (1908–1945) wurde in Zwiefalten geboren. Er gehörte nach dem Abitur 1928 als Student in München der katholischen

[3] Wikipedia (30.5.2023); Husen 2023, S. 13.

[4] Sydnor 2007, S. 33f., 38 u. 49.

[5] Wolters, Chr.: Tuberkulose und Menschenversuche im Nationalsozialismus, Franz Steiner Verlag, Stuttgart 2011, S. 162f. u. 178; Klee 2003, S. 32; Wikipedia (19.11.2023).

Studentenverbindung Rheno-Bavaria an. Er wurde Mitglied in der Veteranenvereinigung »Stahlhelm« und trat Anfang der 1930er-Jahre in die SA ein und am 1.5.1932 in die NSDAP. 1934 trat er in die SS ein mit der SS-Nr. 267.787. 1934 war die Promotion, 1935 die Approbation. Er lebte 1937 im schwäbischen Mengen/Württemberg,[6] das südlich der Donau liegt. Von Oktober 1939 bis Juni 1940 und erneut 1941 bis 1942 war er Arzt im II. Bataillon der 79. SS-Standarte in Ulm. Ab Februar 1942 Lagerarzt in Auschwitz, von Mai bis August 1942 als Standortarzt. Er praktizierte als einer der ersten Tötungen mit Phenol, das ist Karbolsäure, ein Desinfektionsmittel; er entwickelte »bei dieser Mordform eine beachtliche Initiative«.[7] Anschließend war er kurzfristig im KZ Neuengamme, dann Erster Lagerarzt des KZ Lublin-Majdanek bis April 1943, anschließend bis August 1943 Erster Lagerarzt im KZ Natzweiler, danach von August 1943 bis August 1944 KZ-Arzt in Estland.[8] Im Herbst 1944 war Bodmann im WVHA in der Inspektion der KZ.

Zuletzt, Januar 1944 bis Mai 1945, war Bodmann als Truppenarzt bei der 5. SS-Panzerdivision »Wiking« eingesetzt.[9] Die SS-Division Wiking erlitt im August 1943 hohe Ausfälle am Donez.[10] Von Juli bis Oktober 1944 war die Wiking-Division als Teil des IV. SS-Panzerkorps an der Panzerschlacht vor Warschau beteiligt; sie half bei der Niederschlagung des Warschauer Aufstands im August 1944. Mitte Dezember 1944 befand sich die »Wiking«-Divison in Ungarn bei der Plattenseeoffensive; sie kämpfte in der Schlacht um Budapest und zog sich dann in die Tschechoslowakei zurück. Im März und April 1945 war die Division an etlichen Kriegsverbrechen beteiligt; sie ermordete kranke Häftlinge des KZ Mauthausen und jüdische Zwangsarbeiter. Sie stellte am 8. Mai 1945 die Kampfhandlungen ein und ging in amerikanische Kriegsgefangenschaft.[11] Bodmann beging am 25. Mai 1945 Suizid.

Kurt Borm (1909–2001) wurde in Berlin-Lichtenberg geboren, einem Arbeiterviertel. Sein Vater leitete als Stadtamtsrat das Wohlfahrtsamt in Rummelsburg. Der Sohn Kurt Borm legte 1929 das Abitur ab, studierte Medizin in Berlin und Rostock. Er war aktiver Burschenschaftler und trat 1930 in die NSDAP ein mit der Mitgliedsnr. 410.614. Ab 1933 Mitglied der Allgemeinen

---

[6] Verzeichnis der deutschen Ärzte und Heilanstalten – Reichs-Medizinal-Kalender 1937 –, Georg Thieme Verlag, Leipzig 1937, S. 529 [im Folgenden Verz. 1937].

[7] Lifton, R.J.: Ärzte im Dritten Reich, Klett-Cotta, Stuttgart 1988, S. 297.

[8] Lettow, F.: Arzt in den Höllen, Wilhelm Heyne Verlag, München 2001, S. 174–178.

[9] Wikipedia (25.11.2023); Husen 2023, S. 20.

[10] Schulte u.a. 2014, S. 329–332 u. 377.

[11] Wikipedia (3.1.2024).

SS (Nr. 203.962), schließlich SS-Obersturmbannführer. 1937 machte er Staatsexamen, 1938 bekam er die Approbation. Er war im Krankenhaus Am Urban in Berlin-Kreuzberg sowohl als Medizinalpraktikant 1937/38 als auch danach als Assistenzarzt tätig. Das Krankenhaus Am Urban hatte sehr viele jüdische Ärzte, die 1933 entlassen wurden.

Borm nahm 1938 an einer Übung der SS-Totenkopfverbände teil. Bei Kriegsbeginn meldete Borm sich freiwillig zur »Leibstandarte SS Adolf Hitler«. Von Juli bis Dezember 1940 diente Borm bei der SS-Division »Germania«, die am 21. Dezember umbenannt wurde in SS-Division »Wiking«. Borm ließ sich für die Euthanasie-Morde anwerben und war ab Dezember 1940 Tötungsarzt in den Anstalten Sonnenstein/Pirna und Bernburg. Offenbar war er im Winter 1942 beim »Sanitätseinsatz Ost« dabei. Borm sprach von einer »Hilfsaktion für die in der Winterschlacht 1942 in Russland anfallenden Verwundeten«.[12] 1972 wurde er von Vorwürfen, 6.652 sogenannte Geisteskranke schuldhaft getötet zu haben, freigesprochen. Das Unerlaubte seines Tuns sei für ihn nicht erkennbar gewesen – so das Gericht. Der Bundesgerichtshof (BGH) bestätigte 1974 das Urteil.[13]

Friedrich Karl (»Fritz«) Dermietzel (1899–1981) war der Sohn eines Gutsbesitzers und Politikers. Er wurde in Lunow geboren, am äußersten nordöstlichen Rand des heutigen Bundeslands Brandenburg. Er nahm seit 1915 als Freiwilliger am Ersten Weltkrieg teil und bekam das EK I + II. Seit 1918 war er Mitglied im Corps Littunia. Seit 1919 studierte er in Königsberg, Kiel, Jena und Berlin. Die Approbation erhielt er 1931, er hatte eine HNO-Arztpraxis (die Hitler wegen seiner Heiserkeit aufsuchte). Am 1. Mai 1932 wurde er NSDAP-Mitglied (Mitgliedsnr. 1.106.473), am 25. Juni 1932 SS-Mitglied (Mitgliedsnr. 31.115). 1935 war Dermietzel Adjutant des Reichsarztes-SS Grawitz, seit April 1936 leitender Arzt beim Inspekteur der Konzentrationslager und Führer der Sanitätsabteilung der SS-Totenkopfverbände. Dermietzel wurde entmachtet,[14] seine Stellung übernahm Karl Genzken [siehe unten].

Am 1. April 1940 wurde Dermietzel aufgrund fortgesetzter Auseinandersetzungen mit Grawitz an die Front versetzt als Divisionsarzt der SS-Division »Reich«. Am 31. Mai 1941 besuchte er mit Divisionsangehörigen das KZ Mauthausen.[15] Im Juli 1942 wurde er SS-Brigadeführer (vergleichbar

---

[12] Klee 2018, S. 316f.

[13] Klee, E.: Morden und Heilen, in: Die Zeit vom 18.4.1986; Husen 2023, S. 22.

[14] Hahn, J.: Grawitz, Genzken, Gebhardt. Drei Karrieren im Sanitätsdienst der SS, Klemm & Oelschläger, Münster 2008, S. 220f.

[15] Hördler 2014, S. 92.

im allgemeinen Offizierskorps des Heers einem Generalmajor). Er war von 1942 bis 1944 Korpsarzt des II. SS-Panzerkorps. Danach war Dermietzel ab 1. November 1944 bis Mai 1945 Arzt der 6. Panzerarmee. Ab 1950 ließ sich Dermietzel als HNO-Arzt nieder.[16]

Erwin Ding-Schuler (1912–1945) hatte einen adligen Vater. Sein leiblicher Vater war der Kolonialarzt Dr. Carl Freiherr von Schuler aus Bitterfeld, wo der Sohn unehelich geboren wurde. Der fünfjährige Erwin wurde 1915 von einem Mann namens Heinrich Ding adoptiert.[17] Erwin Ding-Schuler trug zunächst den Nachnamen seines Adoptivvaters, änderte seinen Nachnamen dann aber und nahm den Namen seines leiblichen Vaters an, was amtlich bestätigt wurde. Erwin Ding-Schuler trat erst während der Nazizeit in die SS ein mit der Nr. 280.163. Er machte vor dem Krieg 1938/39 als SS-Sturmbannführer Dienst im KZ-Lager in Buchenwald; er war Angehöriger der Totenkopfverbände. Im Oktober 1939 wurde er Adjutant des Divisionsarztes Karl Genzken [siehe unten] bei der neu aufgestellten Totenkopfdivision und blieb bis August 1940. Demnach hatte er also das Kriegsverbrechen im Mai 1940 in Le Paradis an den britischen Kriegsgefangenen mitbekommen.

Nachdem er die T. Div. verlassen hatte, kam Ding-Schuler 1940 zur SS-ärztlichen Akademie nach Graz. Ab 1941 bis 1945 wurde er zum Stab des SS-Hygiene-Instituts der Waffen-SS kommandiert. In Buchenwald war er verantwortlich (u.a.) für die Fleckfieberimpfversuche. Nachdem er 1945 verhaftet wurde und von den amerikanischen Behörden angeklagt werden sollte, nahm er sich am 11. August 1945 in alliierter Gefangenschaft das Leben.[18]

Ludwig Ehrsam (1910–1947) wurde in Meiningen geboren. Er trat 1931 in die SS ein (Mitgliedsnr. 19.729); seine NSDAP-Mitgliedsnr. war 526.435. Demnach muss der Eintritt in die Partei ebenfalls etwa 1931 erfolgt sein. Ehrsam wurde 1936 approbiert und begann seine ärztliche Tätigkeit im SS-Sanitätssturm im KZ Dachau. Im selben Jahr wurde er Lagerarzt im KZ Lichtenburg Kreis Torgau (Sachsen-Anhalt); dort war er als SS-Untersturmführer Arzt in der Sanitätsstaffel der SS-Totenkopfverbände. Von dort aus ging er im Herbst 1936 bis 1937 ins KZ Sachsenhausen, dann 1937 erneut nach Lichtenburg, dann ins KZ Esterwegen, und dann war er Lagerarzt im KZ Buchenwald. Er ließ die Häftlinge gymnastische Übungen machen, um ihre

---

[16] Klee 2003, S. 105.

[17] Klee, E.: Auschwitz, die NS-Medizin und ihre Opfer, S. Fischer Verlag, Frankfurt am Main 1997, S. 391f.

[18] Sydnor 2007, S. 277; Husen 2023, S. 29.

Arbeitsfähigkeit zu überprüfen. Er galt als gefühllos, die Häftlinge nannten ihn »Dr. Grausam«.[19]

Mit Kriegsanfang wurde Ehrsam im Oktober 1939 als Regimentsarzt zur T. Div. der Waffen-SS versetzt, wo er bis Juni 1943 blieb. Dann war er ab Juni 1943 bis Dezember 1943 Divisionsarzt der 3. SS-Panzerdivision. Anfang 1945 bis Kriegsende war er Korpsarzt des IV. SS-Panzerkorps. Das Korps wurde im Dezember 1944 bei der Schlacht um Warschau eingesetzt, dann am Plattensee in Ungarn, wo es schließlich kapitulierte.[20] Ehrsam geriet in amerikanische Gefangenschaft. Ludwig Ehrsam wurde 1946 an die Sowjets ausgeliefert. Er wurde von den sowjetischen Militärs am 20. März 1947 in Berlin hingerichtet.[21]

Hans Eisele (1913–1967) wurde als Sohn eines Kirchenmalers in Donaueschingen geboren, die Familie lebte in bescheidenen Verhältnissen, die sich in der Inflation der 1920er-Jahre noch verschlechterten. Nach Besuch des Humanistischen Gymnasiums erfolgte ab 1931 das Medizinstudium in Freiburg. Am 1. Mai 1933 trat er in die NSDAP ein, im selben Jahr auch in die SS (Nr. 237.421), im Januar 1940 wurde er zur Waffen-SS versetzt. Mit der SS-Division »Reich« kämpfte Eisele an der Ostfront. Er war wahrscheinlich dabei, als ein Kommando der Waffen-SS-Division »Reich« im September 1941 auf dem Gebiet der UdSSR in Lachoisk an einer Aktion beteiligt war, bei der 920 Juden exekutiert wurden.[22] Eisele wurde dann ins KZ Mauthausen versetzt, noch 1941 weiter nach Buchenwald und von da 1942 nach Natzweiler. Von Februar bis Mai 1945 wurde er Arzt im KZ Dachau. Eisele wurde im Dachauer Hauptprozess zum Tode verurteilt, das Urteil wurde in eine zehnjährige Haftstrafe umgewandelt. Er war bis 1952 in Haft, danach ließ er sich nieder, floh aber 1958, als neue Vorwürfe gegen ihn geäußert wurden, nach Ägypten. Er starb in Maadi.[23]

Friedrich Entreß (1914–1947) wurde in der preußischen Provinz Posen geboren. Als Posen nach dem Ersten Weltkrieg zu Polen kam, besuchte Entreß dennoch deutsche Schulen und gehörte an der Universität in Posen prodeutschen nazistischen Studentengruppen an. Im Juni 1939 machte er in der Stadt Posen Examen, als sich Posen noch unter polnischer Herrschaft be-

---

[19] Wachsmann, N.: Die Geschichte der nationalsozialistischen Konzentrationslager, Siedler Verlag, München 2016, S. 202.

[20] Wikipedia (3.1.2024).

[21] Klee 2003, S. 128; Wikipedia (23.11.2023).

[22] Artzt 1987, S. 103.

[23] Hördler 2014, S. 89; Wikipedia (3.5.2023); Husen 2023, S. 34.

fand. »Er trat der SS (Nr. 352.124) bei. Als Mitglied einer lokalen paramilitärischen Gruppe ›Volksdeutscher‹, die von illegalen SS-Einheiten in Polen unterstützt wurde, landete er beim deutschen Polenfeldzug im September 1939 fast automatisch bei den SS-Totenkopfverbänden.«[24] Er wurde 1941 Standortarzt im KZ Groß Rosen, von dort kam er im Dezember 1941 nach Auschwitz und blieb bis Februar 1943; von März bis Oktober 1943 war er im KZ Auschwitz-Monowitz, dem Lager der IG Farben. Unter den inhaftierten Polen waren »seine früheren Freunde« und früheren Studienkollegen, mit denen er nicht Polnisch sprach, er tat so, als könne er kein Polnisch.[25] Im Oktober 1943 wurde er ins KZ Mauthausen versetzt, danach nochmal nach Groß Rosen. Anfang 1945 wurde Entreß zur SS-Panzerdivision Hohenstaufen kommandiert. Im Mauthausen-Prozess zum Tode verurteilt, erfolgte die Hinrichtung 1947 in Landsberg.[26]

Fritz Fischer (1912–2003) wurde in Berlin geboren. Mehr ist über seine frühe Sozialisation nicht bekannt. 1934 trat er der SS (Nr. 203.578) bei, 1937 der NSDAP. Approbation und Promotion waren 1938. Ab 1939 gehörte er der Waffen-SS an und wurde dem SS-Lazarett Hohenlychen »zugewiesen«, seit November 1939 war er Assistent bei Karl Gebhardt [siehe unten]. Von Juni 1940 bis Dezember 1941 war Fischer Angehöriger der Leibstandarte-SS Adolf Hitler. Danach kam er bis 1943 erneut nach Hohenlychen. Er machte Humanexperimente mit Sulfonamid, einem antibiotisch wirkenden Arzneimittel, das vor der Erfindung von Antibiotika gegen Infektionen benutzt wurde. Er machte auch Transplantationsversuche, alles an polnischen Frauen aus dem nahe gelegenen KZ Ravensbrück. 1943/44 gehörte er als Truppenarzt der 10. SS-Panzerdivision Frundsberg an. Im Nürnberger Ärzteprozess zunächst zu lebenslanger Haft verurteilt, erfolgte die Revision des Urteils zu 15 Jahren Haft, und die vorzeitige Entlassung von Fischer war 1954.[27]

Hermann Fischer (1883–1959) wurde in Coburg in eine Gastwirtsfamilie hinein geboren. 1909 war die Promotion an der Ludwig-Maximilians-Universität (LMU) München. Im Oktober 1931 war der Eintritt in die SS (Nr. 19.251), am 1. Mai 1932 in die NSDAP. Von 1933 bis 1939 war er SS-Standartenführer und Obersturmbannführer d.R. der Waffen-SS. Im Zweiten Weltkrieg von 1939 bis 1943 war er in der Wehrmacht. Ab 1943 wurde Fischer in mehrere KZ versetzt. Von Herbst 1943 an war er in Bergen-Belsen,

---

24 Kater 2000, S. 132.
25 Lifton 1988, S. 297–299.
26 Klee 2003, S. 137; Husen 2023, S. 35.
27 Klee 2003, S. 152; Husen 2023, S. 38.

von April bis September 1944 im KZ Herzogenbusch, ab Oktober 1944 als Standortarzt in Flossenbürg. Im Jahr 1955 begann der Prozess gegen ihn, in dem er 1956 zu drei Jahren Haft verurteilt wurde, 1959 wurde er entlassen. Er starb zwei Wochen später.[28]

Horst Fischer (1912–1966) wurde als Sohn eines Kaufmanns in Dresden geboren. Er verlor frühzeitig seine Eltern und wurde von Verwandten aufgezogen. Er besuchte das Gymnasium in Dresden, schloss sich der Pfadfinderbewegung an, machte 1932 Abitur, studierte Medizin und bestand 1937 das medizinische Staatsexamen. Ein Jahr später erhielt er die ärztliche Approbation. 1941 promovierte Horst Fischer. Er trat am 1. November 1933 in die SS ein. Mitglied der NSDAP wurde er erst 1937. Bei Kriegsbeginn wurde Fischer am 3. September 1939 zur Waffen-SS einberufen. Ab Juli 1941 war er Truppenarzt bei der SS-Division Wiking bzw. ab Januar 1942 bei der 5. SS-Panzerdivision Wiking. Horst Fischer erkrankte 1942 an Diphtherie. Im SS-Sanatorium in Bad Homburg lernte er Dr. Enno Lolling kennen, den leitenden SS-Arzt aller KZ. Lolling schlug Fischer vor, KZ-Arzt zu werden; am 6. November 1942 wurde Fischer nach Auschwitz III (ins IG-Farben-Lager in Monowitz) kommandiert.[29] Er wurde 1966 in der DDR verhaftet und hingerichtet.

Ernst Frowein (1916–1947) wurde in Iserlohn geboren. Er war an der Kieler Universität als Volontärarzt bei dem Chirurgie-Ordinarius A.W. Fischer beschäftigt. Dieser galt als nicht besonders NS-interessiert, er war politisch eher passiv, hatte sich aber mit dem Nationalsozialismus arrangiert. Sein Assistent Frowein war stattdessen aktiver Anhänger des Nationalsozialismus, der bemüht war, die Hochschulfunktion mit der NS-Ideologie zu vereinen. Frowein trat allerdings erst spät in die SS ein, er hatte die Mitgliedsnr. 411.912. Er war im Krieg in der Waffen-SS aktiv, er trat im Juli 1941 der SS-Kavalleriebrigade bei. Er führte 1942/43 als Lagerarzt im KZ Sachsenhausen verbrecherische Menschenversuche durch. 1943/1944 wurde er zur 3. SS-Panzerdivision versetzt. Ein sowjetisches Militärtribunal verurteilte ihn zum Tode und ließ ihn am 7. Januar 1947 hinrichten.[30]

---

[28] Wikipedia (2.6.2023); Husen 2023, S. 39.

[29] Oberstes Gericht (DDR) vom 25. März 1966, Urteil: Gerechte Strafe für Verbrechen gegen die Menschlichkeit, in: Neue Justiz (DDR) 20: 1966, S. 193–206; Husen 2023, S. 39.

[30] Ratschko, K.-W.: Rolle der Kieler Hochschulärzte im Dritten Reich, in: Schleswig-Holsteinisches Ärzteblatt 68: 2015, S. 26–28; Wikipedia (23.11.2023); Klee 2003, S. 170; Husen 2023, S. 42.

Karl Gebhardt (1897–1948) stammte aus einer bayerischen Arztfamilie. Die Mutter war adlig (Freiin), der Vater ein praktischer Arzt und Ministerialrat, Chef der Bayrischen Medizinalpolizei im Münchner Innenministerium und dementsprechend ein hoher Staatsbeamter.[31] Karl Gebhardt bekam in seinem Elternhaus, das gesellschaftlich zur »Schicht des gehobenen Bürgertums« gehörte, eine »konservative und kaisertreue » Erziehung. »Sein Vater konnte über seine beruflichen Kontakte den Sohn fördern.« Die Familie war Teil der »gesellschaftlichen Elite«. Während seiner Gymnasialzeit in Landshut lernte Gebhardt den Vater von Heinrich Himmler kennen, der Rektor an Gebhardts Schule war. Gebhardts Vater wiederum war der Hausarzt der Familie Himmler; »die Familien waren gut befreundet«. Die Freundschaft zwischen Karl Gebhardt und Heinrich Himmler dauerte bis zu ihrem Tod. Karl Gebhardt hatte sich mit 16 Jahren freiwillig in den Krieg gemeldet. Nach dem Krieg wurde er 1920 Mitglied des Freikorps Epp,[32] dann Angehöriger des Freikorps Oberland. Er machte 1923 den gescheiterten Hitler-Putsch mit. Gebhardt wurde 1923 approbiert.

Erst Anfang 1933 trat Gebhardt in die NSDAP ein, was aus der Mitgliedsnr. 1.723.317 abzuleiten ist.[33] Am 1. Mai 1933 wurde er Mitglied der SS (Nr. 265.894). Am 1. November 1933 übernahm Gebhardt die Leitung der 1902 als Tuberkuloseheilstätte gegründeten Heilanstalt Hohenlychen in der Uckermark, die dem Deutschen Roten Kreuz (DRK) unterstand. Da die Tuberkulose immer weniger ein Problem war, baute Gebhardt die Heilanstalt um zu einer Rehabilitationsklinik für Sport- und Arbeitsunfälle und der Wiederherstellungschirurgie. Die Heilanstalt wurde im Zweiten Weltkrieg zum Teil Lazarett der Waffen-SS. Die Klinik wurde dreigeteilt: Etwa 300 Betten blieben für die Zivilabteilung für Kinder und Frauen, 400 Betten wurden zu einem Lazarett der Wehrmacht und 300 zu einem Lazarett der Waffen-SS.

---

[31] Hahn 2008, S. 57-69.

[32] Franz Xaver Ritter von Epp (1868–1947) war Berufsoffizier und hatte sowohl in China beim Boxeraufstand als auch in Deutsch-Südwestafrika (im Hererokrieg) gekämpft. Mit seinem Freikorps besiegte er die Münchner Räterepublik am 1.5.1919. Sein Freikorps wurde in die Reichswehr aufgenommen. Er avancierte zum Infanterieführer der 7. (bayrischen) Reichswehrdivision, wurde aber 1923 wegen politischer »Rechtslastigkeit« verabschiedet. Wegen seiner Frömmigkeit wurde er »Mutter-Gottes-General« genannt. 1927 wurde er NSDAP-Mitglied, 1928 Mitglied des Reichstags. Im März 1933 setzte er die bayrische Regierung ab und wurde Reichsstatthalter in Bayern, 1936 Leiter des Reichskolonialbunds. Gumbel, E.J.: Vom Fememord zur Reichskanzlei, Verlag Lambert Schneider, Heidelberg 1962, S. 24, 30 u. 58.

[33] Husen 2023, S. 43.

Gebhardt wurde 1940 Beratender Chirurg der Waffen-SS; er konnte so seine Privatpraxis und die Betreuung der zivilen Klinikabteilung beibehalten, was er als Wehrmachtsarzt nicht gekonnt hätte. Er hatte in Hohenlychen eine Privatstation. Hohenlychen wurde im März 1940 auch eine SS-Einrichtung der »Gesundheits- und Verwendungs-Prüfstelle« für Tauglichkeitsuntersuchungen der Rekruten. Himmler verfügte, dass die klinischen Anordnungen von Gebhardt für die SS-Truppenärzte und Ärzte der SS-Lazarette bindend seien. Gebhardt hatte – anders als die Beratenden Ärzte der Wehrmacht – Befehlsgewalt über die Truppenärzte der Waffen-SS.[34] Seit Januar 1940 war Gebhardt für die Überwachung sämtlicher SS-Lazarette des Reichs zuständig. Hohenlychen war das einzige kriegschirurgische Zentrum, das der Waffen-SS zur Verfügung stand.[35] Die Klinik galt als Spezialabteilung des Standortlazaretts der »Leibstandarte«, das seit 1936 in Berlin-Lichterfelde bestand und das älteste SS-Lazarett war. Ab Herbst 1941 agierte Gebhardt an der Ostfront und richtete Lazarette ein und organisierte die Sanitätseinheiten.[36]

So inspizierte Gebhardt im Oktober 1942 die Krankenhäuser und Erholungsheime der SS im Bereich der Ukraine und Südrusslands. »Unangenehm« berührt hatte er im Kiewer Lazarett feststellen müssen, dass dort hauptsächlich Kranke mit Geschlechtskrankheiten lagen. Nachweislich hatte Gebhardt in der Ukraine Kontakt mit dem Sonderkommando (Sk) 10a der Einsatzgruppe D. »Er weilte dort einmal.« Dies bezeugte später der Arzt des Sk 10a, Heinrich Görz [siehe unten]. Wenn die Waffen-SS vorhandene Krankenhäuser und Heime für ihre eigenen Belange einnahm und besetzte, dann mussten die Einrichtungen zuvor »frei gemacht« werden, was die Tötung der Patienten und Bewohner bedeutete.[37]

Gebhardt machte Transplantations- und Sulfonamid-Versuche an Ravensbrücker KZ-Häftlingen. Den Verlust der Juden nahm er als Preis für das »erwartete Ziel« hin. Er wurde nach dem Nürnberger Ärzteprozess 1948 hingerichtet.

---

[34] Im Falle eines *Wehrmachts*arztes, der 1941 als Truppenarzt bei Smolensk tätig war, urteilte ein bundesdeutsches Gericht, »dass kein deutscher Militärarzt gegen sein Gewissen und gegen die Regeln der ärztlichen Kunst zu Behandlungsmaßnahmen an Soldaten gezwungen werden konnte«. Ruprecht, Th.M.: Vom Wert des Gewissens, in: Die Tageszeitung (taz) vom 1.9.1989.

[35] Ebbinghaus/Roth 2001, S. 181.

[36] Hahn 2008, S. 333–353.

[37] Ebenda, S. 644f.; Gross, R.: »Es gibt eine neue Abwehr gegen die Erinnerung an den Holocaust«, in: Der Spiegel Nr. 46: 2023, S. 120–122 [Spiegel-Gespräch mit Ulrike Knöfel u. Tobias Rapp].

Karl Genzken (1885–1957) war der Sohn eines Pastors aus Preetz in Holstein. Während seines Studiums trat er einer schlagenden Verbindung bei. 1911 bestand er das Staatsexamen. Er wurde 1912 approbiert. Er ging zur Marine und in die chinesische Kolonie Tsingtau. Nach dem Ersten Weltkrieg, an dem er teilnahm, ließ er sich von 1919 bis 1934 in seiner Geburtsstadt Preetz als Landarzt nieder. Er trat 1926 in die NSDAP ein und engagierte sich von 1930 bis 1932 in der SA. 1932 wurde er Mitglied im Nationalsozialistischen Deutschen Ärztebund (NSDÄB). Am 5. November 1933 wurde er in die SS aufgenommen. Genzken ging 1934 nach Berlin.

1936 wurde er hauptamtlicher Sanitätsoffizier in der SS. Er wurde am 10. Oktober 1939 vom Amt des SS-Inspekteurs in Oranienburg zum Divisionsarzt der T.Div. kommandiert.[38] Die Inspektion der Konzentrationslager Oranienburg ist nicht mit dem KZ Oranienburg/Sachsenhausen zu verwechseln, obwohl beide nahe beieinander lagen. Genzken verließ die Division wieder am 31. März 1940, weil er zum Inspekteur des Gesundheitswesens der Waffen-SS versetzt wurde.[39] Er war als führender Arzt der Sanitätsabteilung der Totenkopfverbände und Konzentrationslager für die medizinische Versorgung sowohl des KZ-Personals als auch der KZ-Häftlinge zuständig.[40]

Die komplizierten Zuständigkeiten und Verantwortlichkeiten zwischen Genzken einerseits und Enno Lolling, dem Arzt im SS-Wirtschafts- und Verwaltungshauptamt (WVHA), und Ernst Grawitz, dem Reichsarzt-SS, andererseits, erläuterte Genzken im Nürnberger Ärzteprozess so: Lolling sei ihm »nebengeordnet« gewesen, und beide hätten »unter Grawitz« gearbeitet.[41] Lolling und Grawitz nahmen sich nach dem Zweiten Weltkrieg das Leben; Genzken wurde im Nürnberger Ärzteprozess wegen mehrerer Verbrechen angeklagt. Unter anderem war seine Zugehörigkeit »zu einer kriminellen Vereinigung«, der SS, ein Anklagepunkt. Genzken wurde zu lebenslanger Haft verurteilt.[42] Er kam Mitte der 1950er-Jahre frei.

Herbert Grohmann (geb. 1908) wurde in Breslau geboren, wo er auch studierte. 1934 machte er Staatsexamen, 1935 war die Approbation, 1937 die Promotion mit dem Thema »Untersuchungen über die Frage der Kropfvererbung«. 1931 trat er sowohl in die NSDAP als auch in die SS (Nr. 51.663) ein.

---

38 Hahn 2008, S. 308.

39 Sydnor 2007, S. 44.

40 Hahn 2008, S. 42–56 u. 152–165.

41 Ebenda, S. 322.

42 Trials of War Criminals before the Nuernberg Military Tribunals, The Medical Case, U.S. Government Printing Office, Washington, D.C. [o.J.], Vol. I, S. 17, u. Vol. II, S. 217–222.

Ab Februar 1936 gehörte er einem SS-Sanitätssturm an, der ihn als hauptamtlicher Mitarbeiten in das »Amt für Bevölkerungspolitik und Erbgesundheitspflege beim Reichsführer-SS« kommandierte, wo er ab 1937 als Abteilungsleiter in Berlin fungierte. Als SS-Abschnittsarzt Breslau befasste er sich mit »Rassenfragen« und war mit der »weltanschaulichen Schulung« beauftragt. Ab Januar 1938 war Grohmann als wissenschaftlicher Assistent im Kaiser-Wilhelm-Institut (KWI) für Anthropologie, menschliche Erblehre und Eugenik beschäftigt. Am 15. Februar 1940 erhielt er als Medizinalrat in Łódź/Litzmannstadt am Gesundheitsamt einen Posten. Er war dort Leiter der Abteilung für Erb- und Rassenpflege. Er musterte polnische Heim- und Pflegekinder zwecks Eindeutschung. Er war 1940 und 1941 beteiligt an der Selektion zur Ermordung von Patienten der nahe gelegenen »Irrenanstalt« Kochanowka, weil die Räume der Anstalt gebraucht wurden. Er gehörte dem Sicherheitsdienst des Reichsführers-SS im SD-Abschnitt Litzmannstadt an.

Ab Anfang 1943 wurde Grohmann nach Osten befohlen. Er kam nach Minsk. Im Juni 1943 war er Gruppenarzt bei der Einsatzgruppe B. (Zu den Einsatzgruppen und Einsatz- und Sonderkommandos siehe wie gesagt unten Kapitel 5.) Am 20. August 1944 wurde Grohmann als Divisionsarzt zur neu aufgestellten 30. SS-Waffengrenadierdivision kommandiert, die erst am 18. August 1944 aufgestellt wurde. Die Division wurde wahrscheinlich aus Mannschaften aus den eroberten Gebieten oder aus sowjetischen Kriegsgefangenen zusammengestellt. Sie wurde sowohl in Frankreich zur Bekämpfung der alliierten Invasion, die am 6. Juni 1944 stattgefunden hatte, eingesetzt, wo sie mutmaßlich an einem Kriegsverbrechen beteiligt war, als auch in Warschau zur Bekämpfung des Aufstands von August 1944. Grohmann blieb bei der Truppe, die bis Januar 1945 bestand. Am 10. Januar 1945 wurde Grohmann zurück nach Berlin kommandiert. Er wurde von den Polen in Abwesenheit des Mordes beschuldigt und verurteilt. Grohmann lebte währenddessen unbehelligt in Schleswig-Holstein als Vertrauensarzt der LVA.[43]

Aribert Heim (1914–1992) war der Sohn eines Gendarmerie-Bezirksinspektors aus Radkersburg, Österreich-Ungarn. Er besuchte die Mittelschule, machte ab 1931 in Wien das Latinum und das Abitur nach und studierte ab 1933 Medizin an der Universität Wien. 1935 trat er der in Österreich illegalen NSDAP (Mitgliedsnr. 6.116.098) und der SA bei. 1937 ging er zum Studium nach Rostock, 1940 folgten Promotion und gleichzeitig Approbation.

[43] Wikipedia (29.11.2023); Zeidler, G.: Herbert Grohmann. Rassenpolitiker und Arzt, in: UTOPIE kreativ Nr. 207: 2008, S. 59–71.

Er trat der SS bei (Mitgliedsnr. 367.744) und meldete sich im April 1940 freiwillig zur Waffen-SS. Nach der Rekrutenausbildung war er ab August 1940 beim Sanitätsersatzbataillon der SS-Verfügungstruppen in Prag und ab April 1941 beim Inspekteur der Konzentrationslager. Danach, noch im April 1941, war er Lagerarzt in Sachsenhausen, die nächste Station ab Juni 1941 war Buchenwald. Von Juli bis Oktober 1941 gehörte er dem Ersatzbataillon LSSAH an, und ab Oktober/November 1941 war Heim in Mauthausen. Er wurde 1941/42 zum SS-Lazarett Wien versetzt. Ab 20. Oktober 1942 wechselte er an die Front, und zwar zur 6. SS-Gebirgsdivision »Nord« in Finnland. Er wurde nach Westen versetzt und nahm an der Ardennenoffensive teil. Er blieb bei der SS-Division bis März 1945. Als er 1962 beschuldigt wurde, floh er nach Kairo, Ägypten, wo er offenbar auch starb.[44]

Robert Hördemann (1900–1991) wurde in Kassel als Sohn eines Gärtners geboren. Er nahm noch am Ersten Weltkrieg teil. 1920 war er Angehöriger des Freikorps von Bogislav v. Selchow. 1933 trat Hördemann in die NSDAP und in die SA ein. Er wechselte zur SS und hatte die Mitgliedsnr. 367.367. 1937 war er Arzt bei der Hitlerjugend. Im Mai 1940 wurde er zur Waffen-SS eingezogen, von August 1941 bis September 1942 als Angehöriger der »Leibstandarte Adolf Hitler«. Hördemann machte den Überfall auf die Sowjetunion mit, er wurde im Juli 1941 in der Ukraine schwer verwundet. Von März 1942 bis Oktober 1943 war er Angehöriger des SS-Ersatzbataillons Oranienburg. Hördemann wurde im Oktober 1943 aus der Waffen-SS entlassen, er wechselte zur Wehrmacht und diente im Heer als Oberstarzt in Belgien und Frankreich. Seit 1988 lebte Hördemann in einem Altersheim in Hofgeismar.[45]

Edwin Jung (1907–1966) wurde in Westerhausen als zweiter Sohn eines praktischen Arztes geboren. 1925 machte er Abitur; dann studierte er zunächst die neueren Sprachen in Halle, zum Wintersemester 1926/27 erfolgte der Wechsel zum Medizinstudium. Etwa 1930 war der Eintritt in die NSDAP mit der Mitgliedsnr. 347.968. Im März 1933 bestand Jung das Staatsexamen, 1933 war er Medizinalpraktikant, 1934 wurde er approbiert und promoviert. Am 3. März 1933 folgte der Eintritt in die SS. Er war ab Mitte Januar 1935 Standortarzt im KZ Columbia-Haus in Berlin,[46] das zu den frühen Konzentrationslagern gehörte und im August 1936 aufgelöst wurde. Anfang 1936 bis 1937 war Jung in Dachau Standortarzt,[47] von 1938 bis 1939 bei der Sanitäts-

[44] Wikipedia (3.5.2023); Husen 2023, S. 55.
[45] Wikipedia (27.11.2023).
[46] Hördler 2014, S. 89; Sydnor 2007, S. 18.
[47] Verz. 1937, S. 425; Husen 2023, S. 66.

abteilung beim Inspekteur der SS-Totenkopfverbände und Konzentrationslager tätig. Am 1. Februar 1939 wurde Jung Regimentsarzt der Totenkopfstandarte »Oberbayern«.

1942 bis 1943 war Edwin Jung Divisionsarzt bei der SS-Kavallerie-Division.[48] Im September 1942 ordnete Hitler den Ausbau der SS-Kavalleriebrigade zur 8. SS-Kavallerie-Division »Florian Geyer« an.[49] 1943 bis 1944 wurde Jung Divisionsarzt bei der 9. SS-Panzerdivision Hohenstaufen. Diese gehörte zu den sieben SS-Elite-Divisionen, die Hitler immer dahin schickte, wo die Gefahr am größten war.[50] Die SS-Division »Hohenstaufen« kämpfte in Südrussland und wurde nach der Invasion der Alliierten in der Normandie Mitte 1944 nach Frankreich verlegt.[51] Sie wurde im Juni 1944 an das II. Panzerkorps abgegeben, bei dem Jung Korpsarzt war und das an der Ardennenoffensive beteiligt war. Anfang 1945 war er Arzt beim XIII. SS-Armeekorps. Nach Kriegsende war er in alliierter Haft; er wurde als Zeuge in den Nürnberger Prozessen verhört.[52] Keine Verurteilung.

Karl Kahr (1914–2007) wurde in Fürstenfeld in der Steiermark geboren. Das Studium war in Graz, wo er Mitglied der Burschenschaft marcho-Teutonia wurde. Der SS-Eintritt erfolgte 1933. Mitte 1943 war Kahr bei der SS-Polizeidivision, er war KZ-Arzt in verschiedenen Konzentrationslagern wie 1942 Dachau, Januar 1944 Buchenwald und Mitte 1944 Mittelbau-Dora. Ab Januar

48 Die SS-Kavallerieregimenter 1 und 2, die Vorläufer der SS-Kavallerie-Division, begingen 1941 nach dem Überfall auf die Sowjetunion Massenmorde, deren Opfer in die Zehntausende gingen. Sie wurden bei der Partisanenbekämpfung eingesetzt (Gerlach, Chr.: Männer des 20. Juli und der Krieg gegen die Sowjetunion, in: Heer, H./Naumann, K. [Hrsg.], Vernichtungskrieg. Verbrechen der Wehrmacht 1941 bis 1944, Zweitausendundeins, Frankfurt am Main 1997, S. 427–446). Hermann Fegelein (1906–1945), der Ehemann von Eva Brauns Schwester Gretel, war Leiter sowohl des 1. SS-Kavallerieregiments als auch der SS-Kavallerie-Division (Wikipedia, 13.1.2024). Das SS-Kavallerieregiment 2 wurde Ende Juli 1941 bei der Aktion Pripjetsümpfe in der Ukraine eingesetzt, bei der Frauen (»Judenweiber«) und Kinder in die Sümpfe getrieben wurden. Vor allem handelte es sich um Juden (Klausch, H.-P.: Braunes Erbe – NS-Vergangenheit hessischer Landtagsabgeordneter 1946–1987, Hrsg. Die Linke, Fraktion im Hess. Landtag, Oldenburg/Wiesbaden 2011, S. 14). Die Pripjetsümpfe waren eine menschenleere Einöde, in der sich vor allem Partisanen versteckten. »Partisanen« und »Juden« wurden gleichgesetzt. Einige Jahre später wurde in der Nähe das Kernkraftwerk Tschernobyl gebaut.

49 Longerich 2010, S. 621.

50 Töppel 2014, S. 333

51 Lieb, P.: Die Panzerdivisionen von Waffen-SS und Wehrmacht in der Normandie 1944 im Vergleich, in: Schulte u.a.2014, S. 336–353.

52 Wikipedia (3.1.2024).

1945 war er in Groß Rosen. Es gab kein Ermittlungsverfahren. Kahr wurde nicht belangt. Nach dem Krieg praktizierte er unbehelligt als Arzt in Graz.[53]

Werner Kirchert (1906–1987) wurde als Sohn eines Schuldirektors in Halle geboren, wo er auch zur Schule ging. Er engagierte sich als Jugendlicher politisch und war in den 1920er-Jahren Mitglied des konservativen Bismarckbunds, der Jugendorganisation der Deutschnationalen Volkspartei (DNVP).[54] Seit 1927 studierte Kirchert Medizin und promovierte 1933. Er trat 1933 der SS bei. Nach der Approbation 1934 arbeitete er in der Universitätsnervenklinik in Halle. 1936 wechselte er hauptamtlich zur SS. 1936/1937 war er Arzt der SS-Totenkopfverbände im KZ Sachsenburg (über Frankenberg/Sachsen).[55] Dieses KZ war eines der frühesten, 1934 gegründet. Im Mai 1937 trat er in die NSDAP ein mit der Mitgliedsnr. 5.020.760. Er war Lagerarzt in Dachau und Standortarzt in Buchenwald. Er sollte sich im September 1939 in der Kanzlei des Führers (KdF) melden, um einen wichtigen Auftrag entgegenzunehmen. Dort wurde Kirchert gefragt, ob er bereit sei, an der Tötung von Geisteskranken teilzunehmen. Er bat sich Bedenkzeit aus. Kirchert sagte dazu später: »Ich sollte die Leitung einer der ersten Euthanasieanstalten übernehmen [...]. Bald danach [...] Anfang Oktober [...] brachte ich zum Ausdruck, dass ich aktiver Sanitätsoffizier der Waffen-SS sei und meine Aufgabe an der Front sehe. Ich brachte meine Ablehnung auf diese Weise zum Ausdruck [...]« Ihm wurde auferlegt, einen Ersatzmann zu benennen, er nannte einen Schulkameraden, der hatte weniger Skrupel. Kirchert meinte: »Irgendwelche Nachteile sind mir aus meiner Ablehnung nicht erwachsen.«[56] Ab Oktober 1939 war Kirchert bei der SS-Feldtruppe. 1940 wurde er für vier Monate leitender Arzt bei der Inspektion der KZ. In 1941 war Kirchert für zwei Monate Arzt bei der 3. SS-Panzerdivision. Von Oktober 1944 bis Mai 1945 war er Gruppenarzt bei der Einsatzgruppe H. Kirchert wurde 1953 zu viereinhalb Jahren Haft verurteilt.

Bruno Kitt (1906–1946) war der Sohn eines Lehrers. Zunächst entschied er sich für ein Studium der Naturwissenschaften, dann wechselte er zur Medizin und promovierte hierin. 1933 trat er der NSDAP bei, bald auch der SS. Er wurde als Angehöriger der Waffen-SS eingezogen und nach Auschwitz versetzt von Mitte 1942 bis Anfang 1945. Danach war er im KZ Neuengamme. Der Überlebende Hermann Langbein fand ihn intelligent und zugänglich.

---

[53] Wikipedia (2.6.2023); Husen 2023, S. 67.

[54] Wikipedia (27.5.2024).

[55] Wolters 2011, S. 117; Verz. 1937, S. 489; Wikipedia (26.11.2023); Husen 2023, S. 69.

[56] Stöckle, Th.: Grafeneck 1940, Silberburg-Verlag, Tübingen 2012, S. 53f.

Kitt wollte von Selektionen entbunden werden, was ihm aber nicht gelang. In Hameln hingerichtet.[57]

Fritz Klein (1888–1945) war älter als seine ärztlichen KZ-Kollegen, er stammte aus Zeiden (rumänisch Codlea) in Rumänien, aus Siebenbürgen. Zeiden hatte 1930 gut 5.000 Einwohner, davon waren mehr als 3.000 deutschstämmig. Fritz Klein war »Volksdeutscher«.[58] Er hatte seine ärztliche Approbation in Budapest erhalten. Rumänien näherte sich nach der Niederlage Frankreichs 1940 an das Deutsche Reich an. Dadurch entging es der Besetzung. Nach Raul Hilberg gehörte Rumänien zu den »opportunistischen Staaten«. Gegen den rumänischen Monarchen Karl II., einem »korrupten Müßiggänger und Playboy«, putschte Ion Antonescu, der von der Eisernen Garde, einer »fanatisch nationalistischen und antisemitischen Organisation« und der Armee unterstützt wurde. Die Eiserne Garde empfing die Deutschen mit offenen Armen.[59]

Der Preis waren die Juden.[60] Rumänien beherbergte im Dezember 1930 die drittgrößte jüdische Bevölkerung Europas mit rund 760.000 Juden, die zumeist Deutsch sprachen.[61] (Deutschland hatte 1933 in den Grenzen von 1937 nur rund 523.000 Juden.) Die Gardisten übernahmen selbst das Morden, unterstützt von der Einsatzgruppe D.[62]

Nach dem Hitler-Stalin-Pakt im August 1939 kam ein Teil Rumäniens 1940 zur Sowjetunion. Mit der Rückeroberung und mit dem Einzug der deutschen und rumänischen Truppen in die Gebiete der Bukowina und Bessarabien wurden 50.000 Juden getötet. Ein Teil der jüdischen Bevölkerung wurde in das Ghetto von Czernowitz, der Hauptstadt der Bukowina, gesperrt. 150.000 jüdische Rumänen wurden nach Transnistrien deportiert, dem Gebiet zwischen Dnjestr und Bug, wo mindestens 65.000 umkamen, weil sie verhungerten.[63] 320.000 Juden des rumänischen Kerngebiets wurden nach Lublin deportiert.[64]

---

57 Klee 2003, S. 311.

58 Zu den »Volksdeutschen« gehörten ausländische Personen, die seit altersher eine deutsche Abstammung hatten; sie hatten keine deutsche Staatsangehörigkeit.

59 Mackrell, J.: Frauen an der Front. Kriegsreporterinnen im Zweiten Weltkrieg, Insel Verlag, Berlin 2023, S. 225–227 u. 274f.

60 Heer/Streit 2020, S. 229.

61 Hilberg, R.: Die Vernichtung der europäischen Juden, Fischer Taschenbuch Verlag, Frankfurt am Main 1999, S. 391–393 u. 811–858.

62 Angrick, A.: Besatzungspolitik und Massenmord, Hamburger Edition HIS Verlagsges., Hamburg 2003, S. 139–172; Funke, H.: Der Kampf um die Erinnerung, VSA: Verlag, Hamburg 2019, S. 143–145.

63 Menczel, L.: Vom Rhein nach Riga, VSA: Verlag, Hamburg 2012, S. 85f.

64 Longerich 2010, S. 639.

Der Dichter Paul Antschel (1920–1970), der »rumänisiert« Ancel hieß und der die Silben seines Nachnamens später umstellte und sich Celan nannte, wurde in Czernowitz geboren. Seine Eltern wurden deportiert und starben: der Vater 1942 in Gaisijn (etwas östlich des Bug) und seine Mutter ein Jahr später im Lager Mihailovka (fast in der Nähe von Kiew).[65]

Paul Celan rezitierte 1952 sein Gedicht »Die Todesfuge« vor der »Gruppe 47«, einer Ansammlung von Schriftstellern aus Kriegsteilnehmern und Kriegsheimkehrern. Er hatte das Gedicht 1945 geschrieben. Darin heißt es »Schwarze Milch der Frühe, wir trinken dich [...]« und weiter »Der Tod ist ein Meister aus Deutschland, sein Auge ist blau [...]« Celan wurde von den Zuhörern ausgelacht, wegen seiner Stimme und wegen seiner Sprache und wegen seines Pathos; man mokierte sich über ihn, er rede wie in der Synagoge. Niemand kannte seine Geschichte. Das Gedicht wurde *nicht* in den Almanach der Gruppe 47 aus dem Jahr 1962 aufgenommen.[66]

Auch Heinrich Böll (1917–1985), ebenfalls Mitglied der »Gruppe 47« und ehemaliger Wehrmachtssoldat, hatte kein Empfinden für den rumänischen Judenmord. Das Alter Ego von Böll, ein Wehrmachtssoldat, sitzt – so in einer Erzählung - nach einem Heimaturlaub im Zug nach Czernowitz, seinem Einsatzort. »Czernowitz ist nur ein Name, er denkt an Juden und Zwiebeln [...] dunkle, düstere Namen, die nach Pogrom riechen [...]« Mehr Worte hatte der spätere Nobelpreisträger Böll in seiner 100 Seiten langen berühmten Erzählung für die Juden aus Czernowitz nicht übrig.[67]

Mehr als 60.000 Deutschstämmige aus Rumänien traten freiwillig in die Waffen-SS ein.[68] Die Anwerbetrupps für die Waffen-SS waren in den

---

[65] Bauer, M.: Sein einschneidendes Erlebnis, in: FAZ vom 23.2.2019.

[66] Richter, H.W. (Hrsg.): Almanach der Gruppe 47. 1947–1962, Rowohlt Verlag, Reinbek bei Hamburg 1962; Meyer-Kalkus, R.: Das Gedicht läuft beim Sprechen durch den ganzen Körper, in: FAZ vom 12.2.2014.

[67] Böll, H.: Der Zug war pünktlich, in: Balzer, B. (Hrsg.), Heinrich Böll Werke, Band 1, Kiepenheuer & Witsch, Köln o.J., S. 66–168, hier: S. 81f.

[68] Milata, P.: Motive rumäniendeutscher Freiwilliger zum Eintritt in die Waffen-SS, in: Schulte u.a. 2014, S. 216–229. Aber ob der Beitritt zur Waffen-SS immer freiwillig war, wird von einem französischen Kinofilm von 1966, »Die 25. Stunde«, infrage gestellt. Der Film zeigt, wie die einfache bäurische Bevölkerung zum Spielball der Oberen, und zwar sowohl der rumänischen als auch der deutschen, wurde. Anthony Quinn spielt einen einfachen rumänischen Bauern, Johann Moritz, wobei der Name auf einen volksdeutschen Ursprung hindeutet. Moritz wurde 1940 von der rumänischen Polizei (fälschlicherweise) als Jude in ein Straflager verbracht, wo er Schwerarbeit im Steinbruch leisten muss. Er flieht und wird von den Deutschen aufgegriffen, von einem SS-Arzt als »Ur-Arier« tituliert und in die Waffen-SS gesteckt und als KZ-Wachmann in ein KZ versetzt. Moritz wird von den

westlichen von den Deutschen besetzten Ländern nicht sehr erfolgreich. Ergiebiger als Quelle waren die *volksdeutschen* Minderheiten in Ost- und Südosteuropa.[69] Sechs bis sieben Prozent der Gesamtstärke der Waffen-SS waren Deutsche aus Rumänien. Nachdem Fritz Klein Mitglied der Waffen-SS geworden war, wurde er nach Jugoslawien geschickt, wo er nun seinerseits als Musterungsarzt im »SS-Ergänzungswesen« bei der Anwerbung von Waffen-SS-Angehörigen Dienst tat. Am 1. April 1941 hatten die Deutschen das Königreich Jugoslawien erobert.[70] Beim Überfall der deutschen Wehrmacht auf die Sowjetunion kämpfte Rumänien an der Seite Deutschlands. Bis 1943 diente Klein in der rumänischen Armee als »Leutnantarzt« (siehe Tabelle 2).

Im Mai 1943 wurde Klein nach Auschwitz kommandiert. Eine überdurchschnittlich hohe Anzahl der Rumänen-Deutschen wurde als SS-Personal in die Vernichtungslager versetzt. Klein, der schlecht Deutsch sprach, war Lagerarzt in Auschwitz. »Anfangs zeigte er menschliche Umgangsformen; [er] machte in den ersten Tagen den Eindruck, als ob er selbst nicht genau wusste, wo er sich befand.«[71] Er nahm an den Selektionen in die Gaskammern teil. So zusammen mit Mengele an den »Aussonderungen« der ungarischen Juden zwischen dem 15. Mai 1944 und dem 8. Juli 1944: von 151 Transporten mit 437.000 ungarischen Juden wurden 90% ermordet.[72] Klein wurde nach Bergen-Belsen kommandiert. In Bergen-Belsen nahmen ihn die Briten gefangen, er war 57 Jahre alt.[73] Klein sagte beim Verhör, er habe auf Befehl von

Amerikanern vor ein Kriegsgericht gestellt, aber wundersamerweise – der Film braucht ein Happy End – freigesprochen als unschuldiges Opfer der Obrigkeiten. Der Film basiert auf dem Roman des rumänischen Schriftstellers Constantin Virgil Gheorghiu (1916–1992) und zeigt die Beteiligung der Rumänen an dem Holocaust.

[69] Longerich 2010, S. 518.

[70] Es kam zur Vernichtung von über 60.000 (von 80.000) Juden in Jugoslawien. Von 16.000 serbischen Juden überlebten nur wenige Hunderte. (Bruchfeld, St./Levine, P.: Erzählt es euren Kindern. Der Holocaust in Europa, Random House , München 2004, S. 56f.) Am 9./10.10.1941 wurden 2.200 Juden aus einem Lager in Belgrad erschossen. Dabei half als »ärztliche Betreuung und Aufsicht« der Oberarzt der Wehrmacht Dr. Gasser (wahrscheinlich Ludwig Gasser aus Altrang/Kaufbeuren) und ein Sanitätsunteroffizier Bente (wahrscheinlich Gerhart Bente aus Bremen). »Dem Arzt standen 2 Schützen zur Verfügung, die nach Anweisung des Arztes den Tod durch Kopfschüsse herbeiführen mussten.« (Manoschek, W.: »Gehst mit Juden erschießen?« In: Heer/Naumann 1997, S. 39–56, hier S. 49.)

[71] Klee 1997, S. 405f. Ungarn war unter der Regierung von Miklos Horthy während des Kriegs mit Nazi-Deutschland verbündet, so dass 1 Mio. ungarischer Juden bis 1944 in gewisser Sicherheit lebte. Im März 1944 besetzte die Wehrmacht Ungarn, und ab Mitte Mai wurden die ungarischen Juden nach Auschwitz deportiert (Bruchfeld/Levine 2004, S. 55).

[72] Harding, Th.: Hanns und Rudolf, Deutscher Taschenbuch Verlag, München 2014, S. 195.

[73] Ebenda, S. 212.

Dr. Wirths [siehe unten] gehandelt, er habe aber nie einen schriftlichen Befehl in Bezug auf die Vergasungen gesehen. Ihm seien alle Befehle mündlich erteilt worden. Er sagte, er habe gegen die Selektionen, die er nicht billigte, nicht protestiert, denn in den Streitkräften protestiere man nicht. Klein wurde durch die Briten hingerichtet.

Johann Paul Kremer (1883–1965) wurde als »Kind armer Leute«[74] in Stellberg Bez. Köln geboren. Sein Vater war Landwirt. Er verließ die Schule mit der mittleren Reife und holte das Abitur 1909 als Externer nach. Er studierte Naturwissenschaften, Mathematik und Philosophie. 1914 promovierte er mit einer histologischen Arbeit über die Gewebelehre bei Insekten zum Dr. phil. Dadurch angeregt studierte er Medizin und machte 1918 das Staatsexamen und promovierte 1919 zum Doktor der Medizin (Dr. med.). Er arbeitete als Assistenzarzt an der Charité. Ab 1920 war er in Bonn tätig, ab 1924 im anatomischen Institut der Bonner Universität. Ab 1927 übernahm er mit dem Anatomischen Institut die Prosektur der Universität Münster. 1929 habilitierte er sich. Als Privatdozent unterzeichnete Kremer im März 1933 zusammen mit etwa 300 anderen Hochschullehrern ein Bekenntnis zu Adolf Hitler. Er hatte ab 1936 eine außerplanmäßige Professur in Münster; er wollte Ordinarius werden (wurde es aber nie).

Er trat bereits am 30. Juli 1932 in die NSDAP ein; er war an der Münsteraner Universität der erste Akademiker, der Mitglied in der Nazi-Partei wurde. Seit dem 20. November 1934 war er Mitglied der SS. Am 18. Juni 1941 wurde er von der Waffen-SS übernommen. Er hatte nie vorgehabt, nach Auschwitz zu gehen. Er hatte in den Semesterferien im Sommer medizinischen Dienst bei der SS gemacht und wurde zu seiner Überraschung nach Auschwitz abgeordnet, um für ein paar Wochen einen kranken Kollegen zu vertreten.[75] Am 30. August 1942 wurde Kremer als SS-Reserveoffizier für 80 Tage nach Auschwitz »versetzt« und machte Dienst als Lagerarzt. Er blieb bis zum 18. November 1942. Er war der einzige Lagerarzt in Auschwitz mit einem Professorentitel. Er war 59 Jahre alt. Er hoffte, seine Karriereabsichten in Auschwitz verwirklichen zu können. Sein Forschungsthema war das Hungern.[76] Kremer befragte die ausgemergelten Opfer auf dem Seziertisch, dann wurden sie getötet, und Kremer entnahm die Organe »lebendfrisch«, um die Wirkung des Hungers auf die Leber und auf die Milz zu untersuchen.

---

74 Percival, R.V.: Lebendfrisches aus Auschwitz, in: Die Zeit vom 14.4.1989.

75 Wachsmann 2016, S. 393.

76 Lifton 1988, S. 337f.

Die Briten lieferten ihn nach dem Krieg an Polen aus, die Polen verurteilten ihn zum Tode, er wurde wegen seines fortgeschrittenen Alters begnadigt zu einer lebenslangen Haft, in die Bundesrepublik abgeschoben und hier nach einem erneuten Prozess auf freien Fuß gesetzt.

Peter Kroeger (1912–1980) wurde in Riga geboren und studierte in Lettland. Er gehörte seit ihrer Gründung der illegalen Nationalsozialistischen Volksdeutschen Partei Lettlands an.[77] Er machte nach Beendigung des Studiums eine Weiterbildung zum Kinderarzt an verschiedenen deutschen Stätten. Nach dem Hitler-Stalin-Pakt wurde die baltische Bevölkerung ab 1939 in den von den Deutschen besetzten Teil Polens umgesiedelt, in den Warthegau; so kam Peter Kroeger nach Łódź, das die Nazis in Litzmannstadt umbenannten.

Mitglied der SS wurde er erst in der Nazizeit mit der Mitgliedsnr. 347.189. Im September 1939 meldete sich Kroeger freiwillig (?) zur Waffen-SS. Er wurde im Oktober 1939 zur SS-»Leibstandarte Adolf Hitler« versetzt und als »Truppenhilfsarzt« bei der Ersatzkompanie »Der Führer« nach Graz kommandiert. Etwa vier Wochen vor Beginn des Ostfeldzugs wurde er vom »SS-Sanitätsersatzamt« der Waffen-SS in Berlin zur Einsatzgruppe C kommandiert (siehe Tab. 7). Ob das freiwillig vonseiten Kroegers geschah oder als »Notdienstverpflichtung«, ist nicht ganz klar. Männer der Waffen-SS wurden den Einsatzgruppen zugeteilt.[78]

Kroeger kehrte im Januar 1943 zur Waffen-SS zurück und war Regimentsarzt in der 9. SS-Panzerdivision »Hohenstaufen« unter dem Divisionsarzt Edwin Jung [siehe diesen oben]. Ende 1943 kämpfte die SS-Panzerdivision »Hohenstaufen« in Südrussland und wurde nach der alliierten Invasion am 6. Juni 1944 ins noch besetzte Frankreich verlegt.

Am 2. Juli 1944 (kurz nach der Landung der Alliierten) wurde Kroeger so schwer verletzt, dass ihm beide Beine amputiert werden mussten. Er schönte nach Kriegsende die Antworten in dem Fragebogen bei der Entnazifizierung und wurde als »Entlasteter« (Gruppe V) eingestuft. Er wurde Amtsarzt. Er wurde dreimal (1966, 1968 und 1969) als Zeuge angehört, aber selbst niemals belangt.[79]

---

[77] Brix, B.: Stille Post – das beredte Schweigen meines Vaters, in: Wrochem 2016, S. 304–321.

[78] Hilberg 1999, S. 302f. Demnach bestand z.B. die Einsatzgruppe A zu einem Drittel aus Männern der Waffen-SS.

[79] Brix 2016, S. 315.

Enno Lolling (1888–1945) wurde als Sohn eines Schuldirektors in Köln geboren und studierte seit 1908 an der Kaiser-Wilhelms-Akademie für das militärärztliche Bildungswesen in Berlin. Er wurde 1913 approbiert, er promovierte und nahm von 1914 bis 1918 am Ersten Weltkrieg teil. Nach seiner Entlassung als Marinestabsarzt ließ er sich in Strelitz (Mecklenburg) nieder. Er trat am 28. August 1933 der SS und 1937 der NSDAP bei.

1936 kam Lolling zur Sanitätsabteilung der Verfügungstruppen (der späteren Waffen-SS), 1937 war er an der SS-»Junkerschule« in Bad Tölz »Arzt an der Führerschule der SS-Verfügungstruppe«.[80] Er wurde ins KZ nach Dachau versetzt und war 1940/41 Standortarzt. Als leitender Arzt der Inspektion der KZ seit Februar 1941 kam er 1942 an das im selben Jahr gegründete SS-Wirtschafts- und Verwaltungshauptamt (WVHA; siehe Tabelle 5). Er war alkohol- und morphiumsüchtig.[81] Im Mai 1945 nahm er sich in Flensburg das Leben.[82]

Rudolf Lonauer (1907–1945) wurde in Linz als Sohn eines Beamten der Linzer Gesundheitsbehörde geboren. Der Vater war Mitglied der »Großdeutschen Volkspartei« und wechselte bei Gründung der NSDAP zu dieser. Rudolf Lonauer war 1924 beim antisemitischen Steirischen Heimatschutz, 1931 war er vorübergehend und ab 1.5.1933 endgültig Mitglied der österreichischen Nationalisten. Seit 1933 gehörte er der SS an. 1935 war er Mitglied einer schlagenden Burschenschaft. Bereits sein Medizinstudium war ausgerichtet auf »Rassenhygiene«. 1937 wurde er Facharzt für Psychiatrie. Im Oktober 1938 wurde er ärztlicher Leiter der Gau-Heil- und Pflegeanstalt Niedernhart bei Linz.[83] Mit 33 Jahren, am 1. April 1940, wurde er zusätzlich (in Personalunion) Leiter der Vergasungsanstalt Hartheim bei Alkoven (Nähe Linz). In Zusammenhang mit der Einstellung der Euthanasiemorde in Hartheim am 24. August 1941 kehrte Lonauer in der zweiten Hälfte des Jahrs 1942 in die Anstalt Niedernhart zurück.

Im September 1943 ging er zur SS-Division »Prinz Eugen«.[84] Die 7. SS-Freiwilligen-Gebirgsdivision »Prinz Eugen« war eine volksdeutsche Kampfformation, die fast vollständig aus »Volksdeutschen« bestand, vor allem aus Rumänen und Jugoslawen. Entgegen ihres Namens gab es nicht nur »Freiwil-

---

[80] Westmeier, J.: Die Junkerschulgeneration, in: Schulte u.a. 2014, S. 271–285.

[81] Harding 2014, S. 191.

[82] Wolters 2011, S. 117–119; Verz. 1937, S. 445.

[83] Kepplinger, B./Marckhgott, G./Reese, H. (Hrsg.): Tötungsanstalt Hartheim, Modern Times Media Verlag, Wien/Linz 2008, S. 70–110 u. 458.

[84] Ebenda, S. 199 u. 458–462; Hördler 2014, S. 94f.

lige« in ihr. Die Division agierte auf dem Balkan, und sie war an Massakern beteiligt. Ab der zweiten Jahreshälfte 1943, seitdem Lonauer mit dabei war, kämpfte die Division an der dalmatinischen Küste. Es gab im März 1944 ein Massaker nahe Split in Kroatien, bei dem mehr als 800 Männer, Frauen und Kinder ermordet wurden.[85]

Lonauer kehrte im November 1944 nach Hartheim zurück. Jetzt wurden auch KZ-Häftlinge aus Mauthausen (Aktion 14f13) nach Selektion durch Lonauer in Hartheim ermordet. Auch Ostarbeiter waren unter den Getöteten. Am 12. Dezember 1944 wurde der Betrieb in Hartheim endgültig eingestellt, und die Spuren der Morde wurden verwischt. Am 5. Mai 1945 beging Lonauer Suizid. Beim Versuch, auch seine Familie in einem erweiterten Selbstmord zu töten, starb eine seiner beiden Töchter, während seine Ehefrau und die zweite Tochter überlebten.[86]

Franz Lucas (1911–1994) wurde in Osnabrück als Sohn eines Schlachtermeisters geboren. Er machte 1933 Abitur und studierte zunächst vier Semester Philologie. Seit 1933 gehörte er der SA an, verließ sie aber 1934 wieder; er trat am 1. Mai 1937 in die NSDAP ein. Am 15. November 1937 wechselte er zur SS. 1942 bestand er das medizinische Staatsexamen und promovierte. 1942 machte er für zwei Monate einen Führeranwärterlehrgang an der SS-ärztlichen Akademie der Waffen-SS in Graz. Danach war er Truppenarzt in Nürnberg und Belgrad. Von Oktober bis Dezember 1943 wurde er zur SS-Bewährungsabteilung (SS-Fallschirmjägerbataillon 500) versetzt. Lucas wurde zum WVHA kommandiert und zwar ins Amt D III zu Enno Lolling (siehe Tabelle 5). Im Dezember 1943 wurde Lucas ins KZ Auschwitz versetzt. Hier blieb er bis zum Spätsommer 1944. Danach war er im KZ Mauthausen, in Stutthof, Ravensbrück und Sachsenhausen. Er wurde im ersten Frankfurter Auschwitz-Prozess 1965 wegen gemeinschaftlicher Beihilfe zu gemeinschaftlichem Mord an mindestens 4.000 Menschen zu einer Haftstrafe von drei Jahren und drei Monaten verurteilt, jedoch erfolgte anschließend 1970 der Freispruch durch das Landgericht Frankfurt am Main

---

[85] Casagrande, Th.: »Unsere Gegner haben uns als Deutsche kennengelernt.« Die 7. SS-Freiwilligen-Gebirgsdivision »Prinz Eugen« - eine volksdeutsche Kampfformation als nationalsozialistisches Herrschaftsinstrument, in: Schulte u.a. 2014, S.164-178. Kroatien, regiert von der faschistischen Ustascha, war ein Partnerstaat NS-Deutschlands. Roseman, M.: Lebensfälle: Biographische Annäherungen an NS-Täter, in: Bajohr, F./Löw, A. (Hrsg.), Der Holocaust, S. Fischer Taschenbuch, Frankfurt am Main 2015, S. 186–209.

[86] Wikipedia (30.5.2023).

nach Revision durch den Bundesgerichtshof (BGH), weil Häftlinge positiv für ihn aussagten.[87] Es folgte die Niederlassung als Arzt.[88]

Josef Mengele (1911–1979) stammte aus einer gut situierten konservativ-katholischen Unternehmerfamilie im süddeutschen Günzburg. Der Vater, Mitglied von Deutschnationaler Volkspartei (DNVP) und des Veteranenverbands Stahlhelm, war ein Fabrikbesitzer,[89] er galt als »wohlhabender Industrieller«; man stellte landwirtschaftliche Maschinen her. Die Familie war eine »neureiche«, sie gehörte nicht zu den alteingesessenen Unternehmerdynastien, sie war aber die mächtigste Familie in Günzburg. Der Vater Karl war eine »gutmütige und weichherzige Person«; die Mutter galt als »resolut und energisch«. Als der Vater im Ersten Weltkrieg eingezogen wurde, führte sie mit energischer Hand den Familienbetrieb. Der Vater trat im Mai 1933 in die NSDAP ein, und er unterstützte den Günzburger NSDAP-Kreisleiter finanziell.

Josef Mengele, der älteste von drei Söhnen, konnte, mit dem Luxus und dem Wohlstand seiner Familie ausgestattet (er liebte schnelle Autos), in München studieren. Er promovierte zunächst zum Dr. phil. bei dem ärztlichen Anthropologen Theodor Mollison (1874–1952) über die »Rassenmorphologische Untersuchung des vorderen Unterkieferabschnittes bei vier rassischen Gruppen«. Er wollte morphologische Unterschiede zwischen »primitiven und progressiven Rassen« nachweisen; er wurde summa cum laude promoviert. In München geriet Mengele in die nationalsozialistische Bewegung. Er wechselte nach Bonn und war seit 1931 Mitglied im »Jungstahlhelm«, der Bonner Hochschulgruppe der Weltkriegsveteranen. Mengele wurde nach der Auflösung des »Stahlhelm« durch die Nazis automatisch (von November 1933 bis Oktober 1934) Mitglied der SA. Er trat aber 1934 wieder aus der SA aus – angeblich wegen seines Nierenleidens. Mengele legte im Sommer 1936 die medizinische Staatsprüfung ab. Das einjährige Medizinalpraktikum begann Mengele an der Leipziger Universitätskinderklinik.

---

[87] Fritz Bauer Institut/Wojak, I. (Hrsg.): Auschwitz-Prozess 4 Ks 2/63 Frankfurt am Main, Snoeck Verlagsgesellschaft, Köln 2004, S. 608. Der Bundesgerichtshof bestimmte 1959 das Landgericht Frankfurt am Main zum Gerichtsstand für die Strafsache gegen Personal des Lagers Auschwitz. Der erste Auschwitz-Prozess fand von 1963 bis 1965 statt, der zweite von 1965 bis 1966.

[88] Naumann, B.: Auschwitz, Fischer Athenäum, Frankfurt am Main 1968 [Nachdruck 1993], S. 29, 236 u. 287; Wikipedia (24.1.2024).

[89] Zofka, Z.: Der KZ-Arzt Josef Mengele. Zur Typologie eines NS-Verbrechers, in: Vierteljahrshefte für Zeitgeschichte 34: 1986, S. 245–267; Lifton 1988, S. 395–398; Klee 1997, S. 456.

Danach wechselte er nach Frankfurt am Main und ging am 1. Januar 1937 an das universitäre Institut für Erbbiologie und Rassenhygiene. Zunächst war er noch Medizinalpraktikant, nach der Approbation am 1. September 1937 Assistenzarzt.[90] Er erwarb 1938 einen zweiten Doktortitel, Dr. med., über die Erbbedingtheit der Lippen-Kiefer-Gaumen-Spalte; sein Doktorvater war der Chef des Instituts, Otmar v. Verschuer. Sein adliger Mentor nannte Mengele »intelligent« und »kultiviert«, Mengele habe die Musik geliebt, Bach und Verdi, aber »natürlich« auch Strauss und Wagner.[91] Mengele trat im Mai 1937 der NSDAP bei und ein Jahr später der SS.[92] Die Heirat mit einer Professorentochter Mitte 1939 stand seinen wissenschaftlichen Karriereabsichten nicht im Wege.

Mengele meldete sich im Oktober 1938 nach seiner Promotion zur Ableistung des auf drei Monate verkürzten Grundwehrdienstes bei der 19. Kompanie des Gebirgsjägerregiments 137 in Saalfelden/Tirol.[93] Als 1911 Geborener unterlag er zuvor keiner Wehrpflicht. Mitte Juni 1940 wurde er zur Sanitätsersatzabteilung 9 in Kassel einberufen. Ein Ausbilder schikanierte seine Untergebenen mit Robben durch Flure und Reinigen von verstopften Latrinen sonntags. Mengele bewarb sich deswegen bei der Waffen-SS. Anfang August bis Anfang November 1940 durchlief er eine Ausbildung bei der Sanitätsinspektion der Waffen-SS. Er wurde vorübergehend (offenbar wegen eines Nierenleidens)[94] an die »Umsiedlungsstelle« ins polnische Łódź und an die »Einwandererzentrale« in Posen zur »rassischen« Einstufung volksdeutscher »Rückwanderer« versetzt.

Mengele kam am 4. November 1940 als Truppenarzt zur Waffen-SS-Division »Wiking«. Sie wurde im Dezember 1940 neu aufgestellt und sollte Angehörige von sogenannten »germanischen« Staaten anwerben wie Dänen.[95] Doch blieb die Anzahl der »germanischen« Freiwilligen gering, und die Division musste mit »Volksdeutschen«, vor allem aus Rumänien, aufgestockt werden.[96] Die Division nahm 1941 beim Überfall auf die Sowjetunion teil.

---

90 Benzenhöfer, U.: Bemerkungen zum Lebenslauf von Josef Mengele unter besonderer Berücksichtigung seiner Frankfurter Zeit, in : Hessisches Ärzteblatt Nr. 4: 2011, S. 228–240.

91 Posner, G.L./Ware, J.: Mengele. The Complete Story, McGraw-Hill Book Company, New York u.a. 1986, S. 5–20.

92 Völklein, U.: Josef Mengele – Der Arzt von Auschwitz, Steidl Verlag, Göttingen 1999, S. 69.

93 Ebenda, S. 89–92.

94 Posner/Ware 1986, S. 16.

95 Christensen u.a. 2014, S. 199.

96 Ebenda, S. 207.

Dr. Dr. Josef Mengele (Mitte), SS-Arzt im KZ Auschwitz, in der Uniform der Waffen-SS mit Runen am Kragenspiegel, umrahmt von den Auschwitz-Kommandanten Richard Baer (li) und Rudolf Höß. Auschwitz 1944.

Im Juli 1941 besetzten die Deutschen das galizische Zborow (heute ukrainisch Sboriw). Es kam zur Ermordung von 600 Juden unter Beteiligung der SS-Panzergrenadierdivision »Wiking«.[97] Die Division wurde bis zum Kriegsende ausschließlich an der Ostfront eingesetzt.

Mengele beteiligte sich im Sommer 1941 an Gefechten am Maschinengewehr, obwohl die Genfer Konvention dem Sanitätspersonal die Teilnahme am bewaffneten Kampf verbot, weil sie es unter einen besonderen Schutz stellte.[98] Bis Ende Januar 1942 war Mengele beim Vormarsch der Division von Galizien durch die Ukraine über den Dnjepr bis nach Rostow am Asow'schen Meer dabei. Er erlitt eine leichte Verwundung. Am 30. Januar 1942 wurde er zum SS-Obersturmführer (Oberleutnant) befördert. Etwa im April 1942 kam es zu einem Kontakt zwischen der »Wiking«-Division und dem Einsatzkommando (Ek) 12 der Einsatzgruppe D.[99] Es ist aber nicht sicher, ob Mengele wegen seiner Verwundung noch bei der Truppe war.

Vom 23. Juli 1942 bis zum 13. Februar 1943 war Mengele der Dienststelle »Reichsarzt SS und Polizei« zugeordnet; er wurde von dort als Gutachter an das Rasse- und Siedlungshauptamt der SS abgestellt. Seine Aufgabe war die

[97] Schulte u.a. 2014, S. 19.
[98] Völklein 1999, S. 315.
[99] Angrick 2003, S. 514.

»rassenbiologische« Einordnung der polnischen Bevölkerung. Mengele langweilte sich und wollte zurück an die Front. Tatsächlich wurde er aber nach seiner Beförderung zum SS-Hauptsturmführer (Hauptmann) am 24. Mai 1943 nach Auschwitz »versetzt«.[100] Angeblich war er nierenkrank und somit felduntauglich.[101]

Mengele bekam im Sommer 1943 von seiner Frau Besuch in Auschwitz. Denn im März 1944 wurde der Sohn Rolf geboren. Mengele machte in Auschwitz schreckliche Humanexperimente an Häftlingen. Er kooperierte von Auschwitz aus mit seinem Doktorvater Verschuer, der seit 1942 Direktor des Kaiser-Wilhelm-Instituts für Anthropologie, menschliche Erblehre und Eugenik in Berlin war. Mengele schickte ihm per Post Präparate von getöteten KZ-Insassen. Verschuer nannte Mengele weiterhin »seinen Mitarbeiter«, »seinen Assistenten«, obwohl Mengele nach wie vor an der Goethe-Universität in Frankfurt am Main beschäftigt war. Mengele wurde noch im Personal- und Vorlesungsverzeichnis der Frankfurter Universität für das Wintersemester 1943/44 als »Wissenschaftlicher Assistent« aufgeführt. Er war auch über das Kriegsende hinaus Mitglied der Hessischen Landesärztekammer. Die suchte Mengele nämlich (wohl wegen der ausbleibenden Beitragszahlungen) und fand 1946 über die Post heraus, wo Mengele zuletzt in Frankfurt am Main gewohnt hatte. Da wohnte er aber nicht mehr. Auf dem Meldebogen der Hessischen Ärztekammer ist ferner mit Datum vom Oktober 1952 handschriftlich vermerkt: »seit dem Krieg nicht gemeldet.«[102] Da war Mengele schon lange in Südamerika. Ihm gelang die Flucht aus Deutschland. Er starb am 7. Februar 1979 in Brasilien beim Baden im Meer, als er einen Schlaganfall erlitt.

Joachim Mrugowsky (1905–1948) wurde in Rathenow an der Havel geboren.[103] Er war der Sohn eines praktischen Arztes, der 1914 gefallen war. Mrugowsky legte 1923 die Reifeprüfung ab und machte danach wegen der prekären finanziellen familiären Verhältnisse eine Banklehre. Er begann im

---

[100] Völklein 1999, S. 92.

[101] Müller-Hill, B.: Tödliche Wissenschaft, Rowohlt Taschenbuchverlag, Reinbek bei Hamburg 1985, S. 159. Im Interview mit Müller-Hill sagte ein Kollege von Mengele, Hans Grebe: «Bei Kriegsbeginn wurde ich eingezogen. Bekam im Frankreichfeldzug als erster Truppenarzt das EK I. Wie ich in Uniform ins Frankfurter Institut kam, sagte Herr Mengele zu mir: ›Sie haben das EK I. Ich melde mich sofort freiwillig bei den Gebirgsjägern.‹ Sie wissen, er war Bayer. Er hatte bereits in Füssen geübt. Wegen einer Nierenkrankheit wurde er nicht mehr genommen. So ist er zur Waffen-SS gekommen. Da er nicht feldtauglich war, wurde er Lagerarzt.«

[102] Archiv der Landesärztekammer Hessen (LÄKH), Meldebogen Josef Mengele.

[103] Klee 2003, S. 417.

Wintersemester 1925/26 in Halle ein Medizinstudium, parallel zu einem naturwissenschaftlichen Studium, das er 1930 mit einer Promotion zum Dr. sc. nat. abschloss. Er trat bereits 1930 in die NSDAP ein, war 1930/31 Hochschulgruppenführer des Nationalsozialistischen Deutschen Studentenbunds (NSDStB). Mrugowsky war 1931 Mitglied im »Verein Deutscher Studenten« im Kyffhäuser-Verband.[104] Im Sommer 1931 bestand er das medizinische Staatsexamen. Seit Oktober 1931 gehörte er der SS an. Im September 1932 wurde er als Arzt approbiert. Er wurde Volontärassistent in der Medizinischen Klinik der Universität Halle unter Prof. Dr. Theodor Brugsch. Dieser sagte über Mrugowsky: »Als er bei mir zu arbeiten begann, war er ein armer, magerer und abgehärmt aussehender Kerl. Seine Schwester hatte Tuberkulose. Der Hygieniker von Halle Professor Paul Schmidt und ich halfen damals, sie in einer Heilanstalt unterzubringen. Als ich ihm, da er fleißig arbeitete, eine Assistentenstelle anbot, lehnte er ab, denn er hätte ›höhere Aufgaben‹ zu erfüllen.«[105] Mrugowsky hatte von Januar 1933 bis Oktober 1935 eine Stelle im Hygienischen Institut in Halle bei dem genannten Paul Schmidt, zunächst als »Hilfsassistent«, ab August 1934 als außerplanmäßiger Assistent. Etwa 1935 promovierte Mrugowsky zum Dr. med., er habilitierte sich 1937 in Halle im Fach Hygiene. 1939 wurde Mrugowsky Dozent für Hygiene an der Berliner Universität. Er war 1939 Gründer und Leiter des Hygiene-Instituts der Waffen-SS in Berlin. Als solcher war er verantwortlich für das, was in den Dependancen des SS-Hygiene-Instituts in Buchenwald und Auschwitz passierte. Er war an zahlreichen Humanexperimenten beteiligt.

Mrugowsky war 1938 Arzt bei der Leibstandarte Adolf Hitler.[106] 1940 machte er als Truppenarzt den Frankreichfeldzug mit. Er wurde 1942 Seuchenkommissar für das Ostland. 1943 war er Oberster Hygieniker beim »Reichsarzt-SS und Polizei«, im September 1944 wurde er apl. Professor für Hygiene in Berlin.[107] Er wurde 1948 nach dem Nürnberger Ärzteprozess hingerichtet.

Benno Orendi (1918–1948) stammte aus Rumänien, und zwar aus Hermannstadt (rumänisch: Sibiu), der Bezirkshauptstadt von Siebenbürgen, wo

---

[104] Kyffhäuser-Verband = »Verband der Vereine deutscher Studenten (V.D.St.), gegründet 1881, Vorkämpfer des nationalen Gedankens in der Studentenschaft« (Knaurs Lexikon 1939, S. 818).

[105] Brugsch, Th.: Arzt seit fünf Jahrzehnten, Verlag der Nation, Berlin (DDR) 1986, S. 248.

[106] Trials of War Criminals …, Vol. II, S. 241; Husen 2023, S. 93.

[107] Bruns, F.: Medizinethik im Nationalsozialismus, Franz Steiner Verlag, Stuttgart 2009, S. 131–166.

sich seit dem 12. Jahrhundert deutsche Kolonisten angesiedelt hatten. Orendi wurde am 25.6.1940 in Rumänien freiwillig in die Waffen-SS aufgenommen. Es war die erste reichsdeutsche Rekrutierung ausländischer Staatsbürger, die sog. »1.000-Mann-Aktion«.[108] Orendi nahm am Überfall auf die Sowjetunion teil. Von Mitte 1942 bis Oktober 1942 war er Angehöriger der LSSAH. Im Herbst 1942 wurde er abkommandiert zur Beendigung seines Medizinstudiums, 1944 promovierte er. Im selben Jahr wurde er ins KZ Ravensbrück versetzt, wo er an Humanexperimenten beteiligt war. Ende 1944 bis 1945 war er im KZ Sachsenhausen. 1948 wurde er durch ein britisches Militärgericht zum Tode verurteilt und im selben Jahr in Hameln hingerichtet.[109]

Maximilian Ostermaier (1907–1982) hatte die SS-Nr. 63.959 und die NSDAP-Nr. 1.316.542. Wahrscheinlich trat er erst Anfang 1933 sowohl in die SS als auch in die Partei ein. Er diente vom 1. Oktober 1934 bis 31. März 1936 im KZ Dachau, dann 1936 im KZ Esterwegen und 1937/1938 im KZ Sachsenhausen. Danach war er 1938/1939 wieder Lagerarzt im KZ Dachau. Er war vor Kriegsbeginn bei den SS-Totenkopfverbänden. Ab November 1939 bis August 1940 war er Angehöriger der T. Div. Danach folgten Dienste bei den SS-Divisionen »Wiking« und »Prinz Eugen«.[110] Er wurde 1948 zu zwei Jahren Haft verurteilt, die durch Kriegsgefangenschaft und Internierung abgegolten waren. Er ließ sich als praktischer Arzt nieder.

Kurt Plötner (1905–1984) wurde in Thüringen geboren. Während seines Studiums in Leipzig trat er dem Corps Thuringia bei. Er studierte neben Medizin auch Chemie und machte hierin sein Examen 1932, das medizinische Staatsexamen folgte 1934. Er besaß zwei Doktortitel: Dr. phil. et Dr. med. 1933 trat er in die NSDAP, die SS und den NSD-Ärztebund ein. 1935 erhielt er die ärztliche Approbation. 1939 wurde er zur Waffen-SS eingezogen und im Mai 1940 zur T. Div. kommandiert. Im Januar 1943 machte Plötner Dienst im SS-Lazarett in Minsk. Von April 1943 bis April 1945 wurde Plötner ins KZ Dachau versetzt. Hier experimentierte er mit Mescalin, einem Halluzinogen, als Gehirnwäsche für Verhöre. Nach dem Krieg tauchte er bis 1952 in Norddeutschland unter. Seit 1954 war er a. o. Professor der Universität Freiburg.[111]

Max Popiersch (1893–1942) stammte aus dem oberschlesischen Pleß (polnisch: Pszczyna), das nach dem Ersten Weltkrieg zu Polen kam und 1939

---

[108] Milata 2014, S. 217.

[109] Wikipedia (3.6.2023); Klee 2003, S. 445; Husen 2023, S. 100.

[110] Hördler 2014, S. 89; Husen 2023, S. 100.

[111] Klee 2003, S. 465; Wikipedia (3.6.2023); Ohler, N.: Der totale Rausch, Kiepenheuer & Witsch, Köln 2019, S. 279–282; Husen 2023, S. 106.

erneut ins Deutsche Reich eingegliedert wurde. Er nahm als Soldat am Ersten Weltkrieg teil und war nach Kriegsende bis zum Juli 1919 als Gefreiter Angehöriger des Freikorps »Eiserne Division«. 1933 erfolgte der Eintritt in NSDAP und SS. Ab 1939 gab es Versetzungen erst nach Flossenbürg, 1940 nach Buchenwald, anschließend bis Oktober 1941 nach Auschwitz und danach bis April 1942 nach Majdanek. Er war vom Juni 1940 bis Oktober 1941 Erster Standortarzt im KZ Auschwitz. Nach seiner Versetzung als Erster Lagerarzt ins neu errichtete Vernichtungslager Lublin-Majdanek starb Popiersch am 21. April 1942 an Fleckfieber in Lublin.[112] Er war SS-Sturmbannführer der Waffen-SS.

Heinrich Rindfleisch (1916–1969) wurde in Straßburg geboren, er wuchs in Berlin auf und studierte seit 1935 an der Berliner Universität. 1941 erfolgte das Staatsexamen, 1942 die Approbation, seit 1942 war er Lagerarzt in den KZ Sachsenhausen, Ravensbrück, Groß Rosen, und seit 1.3.1943 war er Standortarzt in Majdanek.[113] Januar 1945 erfolgte die Versetzung zur SS-Panzergrenadierdivision »Reichsführer-SS«.

Die 16. SS-Panzergrenadierdivision »Reichsführer-SS« wurde erst im Oktober 1943 aufgestellt, und zwar aus Angehörigen des Reichsarbeitsdienstes.[114] Sie war 1944 in Italien an etlichen Massakern beteiligt. 2.200 bis 2.400 Opfer, Partisanen und Zivilisten, werden ihr angelastet. Am 29.9./1.10.1944 ermordete sie in Marzabotto 770 alte Männer, Frauen und Kinder. Ende 1944/Anfang 1945 war die Division im Bereich von Ravenna aktiv; die SS-Männer sollen verwundet liegen gebliebene kanadische Soldaten »mit gezielten Schüssen beschossen und getötet haben«. Die Einheit blieb bis Februar 1945 in Italien. Anschließend wurde die Division an die Ostfront nach West-Ungarn verlegt. Sie geriet dort in britische Gefangenschaft.[115] Nach 1945 war Heinrich Rindfleisch Chefarzt in Rheinhausen.[116]

Bruno Rothardt (1891–1980) wurde in Danzig geboren. Er hatte die SS-Mitgliedsnr. 276.754. Er kam vom ärztlichen Stab der SS-Verfügungstruppen im Oktober 1939 an die Kriegsfront. Er hatte bis April 1940 die Stelle des Divisionarztes bei der SS-Division »Reich« inne und wurde in dieser Position von Dermietzel abgelöst. Bruno Rothardt erhielt die Stelle des Divisionsarztes

---

[112] Wikipedia (3.6.2023).

[113] Wolters 2011, S. 140.

[114] Longerich 2010, S. 693.

[115] Gentile, C.: Die 16. SS-Panzergrenadierdivision »Reichsführer-SS« in Italien 1944/45, in: Schulte u.a. 2014, S. 302–316.

[116] Klee 2003, S. 498.

der T. Div., die bis dahin Karl Genzken besetzt hatte, und blieb in dieser Position bis Januar 1941.[117] Da war die T. Div. noch in Frankreich. Danach wurde er bis November 1943 zum Gesundheitswesen der Waffen-SS und zum ärztlichen Stab der Sicherheitspolizei abkommandiert. Danach kehrte Rothardt zur Truppe in den Krieg zurück, wo er als Arzt beim VII. SS-Panzerkorps diente, das in IV. SS-Panzerkorps umbenannt wurde.[118]

Ernst Günther Schenck (1904–1998) wurde in Marburg als Sohn eines Professors der Chemie geboren. 1905 zog die Familie nach Aachen um und 1910 nach Breslau. Er ging in Breslau zur Schule, dort war jeder Fünfte seiner Klasse ein Jude. 1916 wurde der Vater nach Münster berufen, und die Familie zog wieder um. Der Vater war 1929 Rektor der Münsteraner Universität. Der Sohn studierte sowohl Chemie als auch Medizin und schloss beides mit einer Dissertation ab. Beide Doktorarbeiten schrieb er bei dem Heidelberger Nobelpreisträger Albrecht Kossel (1853–1927). Im Oktober 1935 habilitierte sich Schenck und wurde Dozent. Seit 1933 war er Mitglied im NS-Dozentenbund, seit 1934 Mitglied im NS-Lehrerbund, seit 1936 im NS-Ärztebund. Spätestens 1935 trat er in die SA ein, Mitglied in der NSDAP wurde er 1937/38. Er war nie Mitglied der Allgemeinen SS.

Im April 1940 wurde Schenck, der »vom Heer zur Waffen-SS kommandierte Reservist«,[119] als Ernährungsinspekteur der Waffen-SS ins SS-WVHA versetzt (das allerdings erst seit 1942 so hieß, siehe Tabelle 5). Er war Beratender Internist der Waffen-SS in Ernährungsfragen. Seine Tätigkeit bestand in Truppenbesuchen, um die Verpflegung der Mannschaften zu kontrollieren. Schenck war von Oktober 1941 bis zum Juni 1942 (also fast ein Jahr lang) als Truppenarzt unterwegs. Er begleitete die Waffen-SS-Division »Leibstandarte Adolf Hitler« in die Ukraine und überquerte mit ihr den Dnjepr. So gelangten sie ans Nordufer des Schwarzen Meers.[120]

Am Asow'schen Meer kam die LSSAH nach Taganrog. Andrej Angrick schreibt, dass das Sonderkommando (Sk) 10a der Einsatzgruppe D zusammen mit der SS-»Leibstandarte Adolf Hitler« ohne Auflagen durch die Armeeführung in Taganrog einrücken konnte, das am 18. Oktober 1941 fiel. Es

---

[117] Hahn 2008, S. 220.

[118] Sydnor 2007, S. 277.

[119] Schenck, E.G.: Das Notlazarett unter der Reichskanzlei, ars una Verlagsgesellschaft, Neuried 1995, S. 18.

[120] Schütte, G.: Mein Vater – sein Leben und mein Leben, in: Wrochem 2016, S. 384–404, hier S. 393.

kam zum Massaker von Taganrog, das inzwischen gut dokumentiert ist und über das weiter unten im Kapitel 5 berichtet wird.

Als Ernährungsinspekteur der Waffen-SS hatte Schenck ein Büro im WVHA. Er veranlasste Ernährungsversuche an KZ-Häftlingen (mit eiweißfreier kalorienarmer Kost) im KZ Mauthausen, die ab April 1943 stattfanden und bis Ende Juli 1944 dauerten. Es gab Tote. Er geriet nach Kriegsende in sowjetische Gefangenschaft und kam erst durch Adenauers Moskaureise 1955 frei.[121] Ein Ermittlungsverfahren in der Bundesrepublik gegen Schenck wurde eingestellt.

Gerhard Schiedlausky (1906–1947) wurde in Berlin geboren. Am 1.9.31 wurde er Mitglied der NSDAP, ab 1931/32 Mitglied der SS. Er war Medizinal-Assessor bei der Polizei, was den Austritt aus der SS erforderlich machte. 1936 erfolgte die erneute Aufnahme in die SS. Im Oktober 1939 ging er zur Waffen-SS, danach erfolgten Versetzungen in die KZ Mauthausen (1941), Flossenbürg (Ende 1941), Ravensbrück (1942–1943), Natzweiler (1943) und Buchenwald (1943–1945). Am 3.5.1947 in Hameln hingerichtet.[122]

Walter Eugen Schmidt (1911–1970) wurde in Sonnenberg/Wiesbaden als Sohn eines Chemieingenieurs[123] geboren. »Die Eltern, Angehörige der Adventistengemeinde, waren konservativ bis deutsch-national und obrigkeitsstaatlich orientiert. Nach der Schulausbildung (Abitur 1932) studierte er von 1932 bis 1937 in Frankfurt am Main.«[124] 1927 Eintritt in die Hitlerjugend, Eintritt in die NSDAP 1930 (er trat 1931 aus, aber 1933 wieder ein). 1932 ging er in die SS, zuletzt war er SS-Untersturmführer. Nach zunächst ärztlicher Tätigkeit in Hadamar ab Februar 1939 wurde Walter Schmidt am 22. Mai 1939 in die Anstalt Eichberg versetzt und blieb dort bis Kriegsausbruch. Im August 1939 wurde er zur Waffen-SS einberufen. Er wurde 1941 u.k. gestellt. Im März 1941 war er wieder auf dem Eichberg, er leitete die »Kinderfachabteilung«. 1946/47 erfolgte die Verurteilung, die Entlassung aus der Haft war 1953.

Emil Christian Schmitz (1914–1971) wurde in Remscheid als Sohn eines Kaufmanns geboren. Er wurde 1932, mit 18 Jahren, Mitglied der SS und

---

[121] Elsner, G.: Heilkräuter, »Volksernährung«, Menschenversuche. Ernst Günther Schenck (1904–1998): Eine deutsche Arztkarriere, VSA: Verlag, Hamburg 2010.

[122] Wikipedia (3.6.2023).

[123] Hamann, M.: Die Morde an polnischen und sowjetischen Zwangsarbeitern in deutschen Anstalten, in: Beiträge zur Nationalsozialistischen Gesundheits- und Sozialpolitik Nr. 1, Rotbuch Verlag, Berlin (West) 1985, S. 121–187.

[124] Klee 2003, S. 546; Wikipedia (3.6.2023).

trat am 1.5.1933 in die NSDAP ein. 1934 war das Abitur. Er war an Tbc erkrankt und nicht militärtauglich. Er begann ein Medizinstudium in Bonn. 1940 machte er Staatsexamen in Düsseldorf. 1941 erfolgte die Promotion. Er wurde 1941 zur Waffen-SS eingezogen. Anfang 1942 kam er ins KZ Sachsenhausen. Er beteiligte sich im Rahmen der Häftlingseuthanasie (14f13) an der Ermordung von kranken KZ-Häftlingen. Im Sommer 1942 machte Schmitz Gasbrandversuche an gesunden Häftlingen. Wegen einer Diphtherieerkrankung wurde Schmitz im März 1944 als dienstunfähig entlassen. Ein Verfahren gegen ihn wurde später eingestellt.[125]

Fedor Sibeth (geb. 1907) hatte die SS-Nr. 277.251 und die NSDAP-Nr. 482.892. Demnach trat er etwa 1930 in die NSDAP ein. 1938 war er im KZ Lichtenburg, ab 1941 im KZ-Lazarett Dachau tätig. Im August 1941 wurde er zur Truppe versetzt; er war ab Oktober 1942 bei der SS-Freiwilligendivision »Prinz Eugen«, die vor allem »Volksdeutsche« aufnahm. Der russische Vorname »Fedor« könnte darauf hinweisen, dass Sibeth aus dem südost-europäischen Raum stammte und aus einer »volksdeutschen« Familie kam. Er war zuletzt, ab Januar 1944, Arzt beim XIII. SS-Armeekorps.[126]

Percival Treite (1911–1947) war der Sohn eines Finanzsekretärs, der britischer Staatsbürger war. Der Sohn wurde in Berlin geboren und machte Ostern 1931 sein Abitur in Berlin-Karlshorst. Er war 22 und noch Student, als er 1933 der Allgemeinen SS beitrat. Das medizinische Staatsexamen 1936 bestand er mit »gut«. Einige Semester hatte er auch Chemie studiert. Die Medizinalpraktikantenzeit absolvierte er sowohl bei Gustav von Bergmann in der II. Medizinischen Klinik der Charité als auch bei dem Gynäkologen Walter Stoeckel in der Frauenklinik der Friedrich-Wilhelms-Universität. Hier blieb Treite auch nach seiner Approbation 1938 und wurde Gynäkologe. Im Dezember 1938 promovierte Percival Treite in der Pathologie mit einem Thema über die Uterusmuskulatur. 1943 folgte die Habilitation, und am 19. Mai 1943 wurde Treite Dozent für Gynäkologie und Geburtshilfe.

Er trat 1937 in die NSDAP ein. Er hatte die SS-Mitgliedsnr. 220.796. Am 1. April 1943 wurde er schließlich doch noch zur Waffen-SS einberufen. Anfang September 1943 erfolgte die Versetzung ins KZ Oranienburg und noch im Laufe des Septembers nach Ravensbrück als 2. Lagerarzt bis April 1945. Er beteiligte sich an Selektionen und an Sterilisationen. Aber er führte auch andere Operationen durch, so an der Schilddrüse oder an den

125 Wolters 2011, S. 159–161.

126 Husen 2023.

Nieren, obwohl er als Gynäkologe keine Erfahrungen mit diesen OP-Methoden hatte. Er desertierte am 30. April 1945 aus Ravensbrück und wurde am 11. Mai von den Briten gefangen genommen. Er wurde am 3. Februar 1947 zum Tode verurteilt, nahm sich aber vor der Hinrichtung am 8. April in einem Hamburger Gefängnis das Leben.[127]

Alfred Trzebinsky (1902–1946) wurde als Sohn eines Gymnasiallehrers in Jutroschin (polnisch: Jutrosin) geboren. Die Stadt gehörte zum Bezirk Posen und lag 90 km südlich der Stadt Posen. Sie kam nach dem Versailler Vertrag zu Polen, wurde aber 1939 wieder ins Deutsche Reich eingegliedert. Trzebinsky studierte in Breslau und Greifswald; 1928 promovierte er und war zunächst Landarzt in Sachsen. Er trat 1933 (Nr. 133.574) in die SS ein und im Februar 1933 in die NSDAP. Im Mai 1941 wechselte er von der Wehrmacht zur Waffen-SS. Im Juli-November 1941 war er in Auschwitz, von Ende 1941 bis September 1943 in Majdanek, wo er sich Ende 1942 mit Fleckfieber infizierte. Ab September 1943 war er Standortarzt im KZ Neuengamme und verantwortete Tbc-Versuche an polnischen Kindern aus Auschwitz. Er wurde am 8.10.1946 in Hameln hingerichtet.[128]

Kurt Uhlenbroock (1908–1992) wurde als Sohn eines Kaufmanns in Rostock geboren. Er trat 1933 in die SA und 1937 in die NSDAP ein. Im Januar 1940 kam er zur Waffen-SS. Im August 1942 wurde Uhlenbroock nach Auschwitz versetzt, er war von August bis September 1942 Standortarzt. Uhlenbroock infizierte sich in Auschwitz mit Fleckfieber; sein Nachfolger war Eduard Wirths. Die gerichtliche Verfolgung von Uhlenbroock wurde eingestellt, weil hinreichende Beweise und Zeugen fehlten.

Adolf Winkelmann (1887–1947) machte 1912 das medizinische Staatsexamen in Kiel, 1914 erfolgte die Approbation. Im Ersten Weltkrieg diente er bei der Reichsmarine. 1918 war er Mitglied eines Freikorps. Danach war er praktischer Arzt in Lippstadt. Er promovierte bei dem Gynäkologen Walter Stoeckel. Am 1.5.1933 wurde er NSDAP-Mitglied, ebenfalls 1933 SS-Mitglied, 1940 Mitglied der Waffen-SS in Krakau als Truppenbetreuung, danach wurde er wegen Krankheit aus der SS entlassen, er wurde u.k. gestellt. 1944 wurde er ins WVHA versetzt. Danach wurde er bis Januar 1945 ins KZ Groß-Rosen kommandiert, dann nach Sachsenhausen und zuletzt ins KZ

---

127 Wikipedia (4.5.2023); Doetz, S.: Alltag und Praxis der Zwangssterilisationen. Die Berliner Universitätsfrauenklinik unter Walter Stoeckel 1942–1944, Medizinische Dissertation Charité – Universitätsmedizin Berlin, Berlin 2010, S. 197–199; Kater 2000, S. 130.

128 Wikipedia (3.6.2023).

Ravensbrück. Er starb während des Prozesses, in dem er für schuldig befunden wurde, an einem Herzinfarkt am 1.2.1947.[129]

Eduard Wirths (1909–1945) wurde als ältester von drei Söhnen in Geroldshausen, einem Dorf gut 10 km südlich von Würzburg, geboren. Er wurde als Sohn einer katholischen Mutter als Katholik getauft, obwohl der Ort überwiegend evangelisch war. Der Vater hatte auf einer Fachhochschule Architektur studiert. Er erwarb im bayerischen Kleinrinderfeld einen Steinbruch aus Muschelkalk und machte sich im nahe gelegenen Geroldshausen selbstständig mit einem kleinen mehr oder weniger gut gehenden Betrieb. Der Vater war im Ersten Weltkrieg Sanitäter gewesen und unterstützte deshalb wohl die Neigung seiner beiden ältesten Söhne, Medizin zu studieren.[130] Der Vater war gegen den Versailler Friedensvertrag.[131] Der Bruder Helmut sagte: »Unsere Erziehung war nicht streng. Vom Vater her konsequent Verantwortungsgefühl erstrebend, von Seiten der Mutter sehr mild. Das war damals nicht allgemein üblich […] Schläge waren nicht das Erziehungsprinzip unseres Vaters […] er war kein Schläger […] Sozialgefühl und Bescheidenheit waren unserem Vater sehr wichtig. Der Lebensstil war einfach, kein Luxus, keine Eitelkeit in der Kleidung […]«.[132]

Eduard Wirths begann das Medizinstudium im Sommersemester 1930, er trat noch während der Schulzeit einer Verbindung bei, der »Hochschulgilde Bergfried«. Die Hochschulgilde hatte viele Theologen in ihren Reihen, und sie nahm auch Juden auf. Die Mitglieder trugen zwar Farben, forderten auch »Satisfaktion«, doch kannte die Hochschulgilde keine Pflichtmensuren, keinen ritualisierten Trinkzwang und keine starren Hierarchien mit »Füchsen« und »Chargierten«.[133] Wirths trat 1933 sowohl in die NSDAP als auch in die SA ein, um in Würzburg sein Medizinstudium zu Ende zu bringen. Nach einer Entschließung des Bayerischen Staatsministeriums für Unterricht vom 28. April 1933 war ein Weiterstudieren ohne die Zugehörigkeit zu einer Gliederung der Nazi-Partei nicht möglich.[134]

---

[129] Wikipedia (3.6.2023); Husen 2023, S. 144.

[130] Völklein, U.: Der »Märchenprinz«. Eduard Wirths: Vom Mitläufer zum Widerstand. Als SS-Arzt im Vernichtungslager Auschwitz, Haland & Wirth im Psychosozial-Verlag, Gießen 2006, S. 23–25.

[131] Lifton 1988, S. 450–488.

[132] Völklein 2006, S. 35.

[133] Ebenda, S. 55.

[134] Ebenda, S. 58.

Am 3. Dezember 1935 bestand Eduard Wirths die ärztliche Prüfung, vier Monate später promovierte er. Vom 9. Dezember 1935 bis zum 9. Dezember 1936 leistete Eduard Wirths die einjährige Medizinalpraktikantenzeit ab. Seine erste Stelle *nach* der Approbation trat er ab 15. Dezember 1936 als Hilfsarzt am Staatlichen Gesundheitsamt in Sonneberg, Thüringen an. Von März 1937 bis Oktober 1938 war Wirths als Assistenzarzt in der Jenaer Universitätsfrauenklinik beschäftigt.[135] Danach übernahm er eine Landarztpraxis im fränkisch-badischen Merchingen.

Am 20. Oktober 1934 beantragte Wirths seine Aufnahme in die SS. Im Laufe des Jahrs 1937 wurde er in die SS aufgenommen. Am 20. Oktober 1939 wurde Eduard Wirths als Mitglied der Waffen-SS eingezogen. Als er in Finnland wegen einer Herzmuskelentzündung am 12. März 1942 nicht mehr frontdiensttauglich war, versetzte man ihn als Lagerarzt zunächst vom 22. April bis zum 13. Juli 1942 ins KZ Dachau, dann ins KZ Neuengamme und am 1. September 1942 nach Auschwitz, wo er als Standortarzt der Chef sämtlicher SS-Lagerärzte war.

Eduard Wirths unternahm am 17. September 1945 im britischen Internierungslager Staumühle V in der Nähe der Ortschaft Hövelhof bei Paderborn einen Selbstmordversuch. Er starb drei Tage später im Hospital.

Helmut Wolf (1907–1997) wurde in Düsseldorf geboren. 1933 trat er sowohl in die SS als auch in die NSDAP ein. Er wurde 1936 approbiert. Im selben Jahr war er im KZ Columbia-Haus in Berlin tätig. 1937 war er SS-Obersturmführer im KZ Lichtenburg, Kreis Torgau, und gleichzeitig Truppenarzt der Sanitätsstaffel der SS-Totenkopfverbände.[136] 1935 teilte Eicke die Totenkopfverbände in sechs Sturmbanne (Bataillone) ein. Seit Januar 1937 diente Wolf im II. SS-Totenkopfsturmbann »Elbe«,[137] das im KZ Lichtenburg untergebracht war.[138] Von Juni 1937 bis November 1938 war Wolf Lager- und Standortarzt in Buchenwald, 1942 Kommandeur des SS-Sanitätsersatzbataillons Oranienburg. 1943 war er Angehöriger der SS-Panzergrenadierdivision »Das Reich«, danach der 9. SS-Panzerdivision »Hohenstaufen«. Nach dem Krieg verfolgte ihn keine Anklage, er wurde praktischer Arzt.[139]

---

135 Ebenda, S.61–64.
136 Verz. 1937, S. 283.
137 Hördler 2007, S. 85.
138 Sydnor 2007, S. 22.
139 Husen 2023, S. 147.

Tab. 4: Teilnahme am Ersten Weltkrieg und Mitgliedschaften in paramilitärischen oder politischen Organisationen in der Republik von Waffen-SS-Ärzten (n = 50), von KZ-Ärzten (n = 50) und Euthanasie-Ärzten (n = 50). Merkmalsangaben absolut

	1.Welt-krieg	Frei-korps	NSDAP	SA/SS	NSDStB	Stahl-helm	Korpo-ration	HJ
Waffen-SS n=50	8	6	16	15	3	2	9	1
KZ-Ärzte n=50	8	7	17	12	3	2	7	1
Euthanasie n=50	7	8	18	13	3	0	8	2

Biografische Merkmale von Ärzten der Waffen-SS

Von 50 Ärzten der Waffen-SS wurden biografische Angaben ermittelt. Legt man die von Martin Husen ermittelte Anzahl von 526 Sanitätsoffizieren in den SS-Truppen zugrunde, entspricht das einer Stichprobe von 10%. Allerdings ist die Stichprobe nicht repräsentativ für die Waffen-SS-Ärzte. Denn die 50 Ärzte wurden ausgewählt nach dem Prinzip der Verfügbarkeit von biografischen Daten. Diese wurden in gedruckten Texten oder bei Wikipedia gefunden.

Zur Beantwortung der Frage, warum Ärzte bei der Waffen-SS landeten und nicht bei Kriegsbeginn von der Wehrmacht eingezogen wurden, sollen die biografischen Angaben zur Sozialisation helfen. Überprüft wurde anhand von Veröffentlichungen, welche biografischen Merkmale die späteren Waffen-SS-Ärzte in der *Vor*-Nazi-Ära aufwiesen. Untersucht wurde, ob sie noch am Ersten Weltkrieg teilnahmen, Angehörige eines Freikorps waren, ob sie schon während der Weimarer Republik, also bereits *vor* 1933, entweder in die NSDAP eintraten oder in die SA oder SS, ob sie bereits während der Republik Mitglied im Nationalsozialistischen Deutschen Studentenbund (NSDStB) wurden oder ob sie Mitglied einer studentischen Korporation waren, ferner, ob sie der Veteranenvereinigung Stahlhelm oder der Hitlerjugend (HJ) angehörten. Die Tabelle 4 zeigt die Häufigkeiten.

Daraus ist zu ersehen, dass acht von 50 Ärzten der Waffen-SS noch am Ersten Weltkrieg teilnahmen. Der Tabelle 4 entsprechend waren sechs Männer Angehörige von Freikorps; die Freikorps rekrutierten sich wesentlich aus Kriegsveteranen. Der Veteranenverband Stahlhelm spielte bei den späteren Ärzten der Waffen-SS allerdings keine Rolle.

Abb.: Geburtsjahre von 100 Waffen-SS-Ärzten mit Feld- und KZ-Erfahrung, Anzahl absolut pro Jahrgang von 0 bis 17

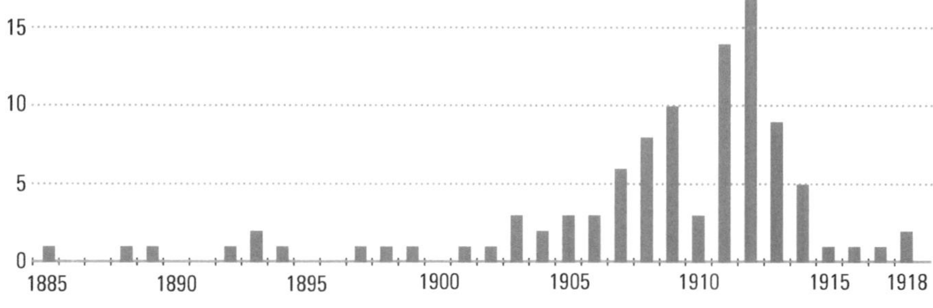

Quelle: Husen 2023

Auffällig ist, dass 16 Waffen-SS-Ärzte (von 50) schon *vor* der Nazizeit Mitglieder in der NSDAP waren: also fast ein Drittel trat schon in der Republik der Nazi-Partei bei.[140] Ebenfalls fast ein Drittel (nämlich 15 Ärzte von 50) war schon *vor* der Naziära Mitglied von SA oder SS. Zunächst traten manche Ärzte der SA bei, am Ende der Weimarer Republik eher der SS, die zu diesem Zeitpunkt zahlenmäßig zunahm.

Der Nationalsozialistische Deutsche Studentenbund (NSDStB) war bei den späteren Waffen-SS-Ärzten nicht angesagt, wahrscheinlich war er ihnen zu »plebejisch«. Mehr Ärzte frequentierten die studentischen Verbindungen (9 von 50). Die waren konservativ und elitär; allerdings zu elitär für die NS-Oberen, die die Korporationen ablehnten. Die Hitlerjugend (HJ) spielte bei den zukünftigen Ärzten der Waffen-SS keine Rolle.

Bei einem Vergleich der Waffen-SS-Ärzte mit KZ-Ärzten und Euthanasie-Ärzten[141] ergeben sich gemäß der Tabelle 4 kaum Unterschiede in der frühen Sozialisation der einzelnen Ärzte-Gruppen. Alle Merkmale gelten für die Zeit *vor* 1933 (bzw.: *vor* 1938), also für die Ära *vor* Beginn der Nazizeit.

Die Ärzte der Waffen-SS unterscheiden sich kaum von den Ärzten des KZ-Systems, was nicht verwunderlich ist, denn beide Arztgruppen gehörten derselben Organisationsstruktur an. Zudem gibt es personale Überschneidungen zwischen beiden Gruppen der Tabelle 4.

---

140 Bei den österreichischen Ärzten wurde diese Zäsur nicht bei 1933, sondern bei 1938 gelegt, dem Jahr des Anschlusses Österreichs ans Deutsche Reich.

141 Elsner 2024.

Die Waffen-SS-Ärzte waren allerdings etwas häufiger schon während der Republik Mitglieder von SA und SS: 15 Ärzte (30%) der Waffen-SS versus 12 Männer (24%) der späteren KZ-Ärzte. Sowohl die Ärzte der Waffen-SS als die in den KZ hatten ihres jugendlichen Alters wegen nur noch selten am Ersten Weltkrieg teilgenommen. Dem entspricht die eher geringe Teilnahme an Freikorpsaktivitäten. Insofern ist auch die Mitgliedschaft im Stahlhelm, einem Veteranenverband, gering.

Weder die Gruppe der späteren Waffen-SS-Ärzte noch die Gruppe der späteren KZ-Ärzte gemäß der Tabelle 4 sind repräsentativ für ihre jeweilige Grundgesamtheit. Die Daten wurden nicht nach dem Zufallsprinzip gewonnen, sondern nach Verfügbarkeit. Das gilt auch für die 50 Ärzte, die bei der Euthanasie von psychiatrisch Kranken und Behinderten tätig waren. Auch die biografischen Daten dieser 50 Euthanasie-Ärzte entsprechend der Tabelle 4 wurden nach dem Prinzip der Verfügbarkeit ermittelt.

Die Euthanasie war kein Projekt der SS, sondern eins des Staats und der Nazi-Partei. Trotzdem ähneln sich die Mitgliedschaften in Nazi-Organisationen: Euthanasie-Ärzte und SS-Ärzte (das sind KZ-Ärzte und Waffen-SS-Ärzte) ähneln sich hinsichtlich der Häufigkeit von Mitgliedschaften in paramilitärischen oder politischen Verbänden während der Weimarer Republik.

Während dieser Zeit wurden alle diese Ärzte sozialisiert. Sie nahmen ihre Ansichten und oft brutalen Gepflogenheiten mit in die Nazizeit. Freikorpsaktivitäten, SA/SS-Mitgliedschaften, der Stahlhelm und schlagende Verbindungen förderten ein aggressives und brutales Verhalten.

Die Waffen-SS-Ärzte waren sehr jung. Viele dieser Waffen-SS-Ärzte pendelten zwischen Kriegsdienst und Versetzung in ein KZ als SS-Lagerarzt hin und her. Die Abbildung zeigt grafisch die Geburtsjahre von 100 Waffen-SS-Ärzten *mit* Felderfahrung in einer SS-Einheit und *mit* KZ-Dienst-Erfahrung. Diese 100 Ärzte wurde nach dem Zufallsprinzip aus dem Sample von Martin Husen[142] gewonnen.

Bei Betrachtung der Grafik ergibt sich eine Häufung der Geburtsjahre um das Jahr 1912 herum. Der Median liegt bei 1910/11, das heißt, die Hälfte dieser Waffen-SS-Ärzte wurde vor 1910/11 geboren, die andere Hälfte danach. Die Ärzte der Waffen-SS gehörten demnach mehrheitlich zur Generation der Kriegsjugend, die nur noch äußerst selten im Ersten Weltkrieg kämpfte. Nur zehn Ärzte (also ein Zehntel) der hier genannten Waffen-SS-Ärzte wurden

---

[142] Husen 2023.

vor 1900 geboren, dieses Zehntel gehörte noch der Frontkämpfergeneration des Ersten Weltkriegs an.

Ärzte haben eine lange Ausbildungszeit. In der Regel wurden damals Ärzte in einem Alter von 25 Jahren approbiert, das heißt, sie erhielten in einem Alter von 25 die Lizenz, den Arztberuf ausüben zu dürfen. Wer 1912 geboren wurde, erhielt demgemäß 1937 die ärztliche Approbation. Dieser Arzt konnte also noch erste Erfahrungen als Arzt machen. Dann begann 1939 bereits der Krieg, und die unerfahrenen Ärzte wurden eingezogen und an die Front geschickt.

4. Fluktuation von Ärzten zwischen Waffen-SS, KZ, Euthanasieanstalten und Wehrmacht

Fluktuation von Ärzten zwischen Waffen-SS und KZ-System

Ein Großteil der hier näher erwähnten Ärzte kämpfte nicht nur in der Waffen-SS, sondern machte auch eine Tätigkeit in Konzentrationslagern als SS-Lagerarzt. Er wurde von der Truppe zum KZ-Dienst versetzt oder umgekehrt vom KZ-Dienst zur Truppe.

Aus den Daten von Martin Husen lässt sich die Anzahl der Ärzte errechnen, die versetzt wurde. Aus dem Namensverzeichnis von 1.348 Sanitätsoffizieren der Waffen-SS lassen sich die Ärzte eruieren, die sowohl Felderfahrung bei einer SS-Truppe hatten als auch Dienst im KZ taten: das waren 145 Ärzte, mithin 26% von allen 546 Ärzten in der Betreuung der SS-Truppen.[1]

Unter den oben dargestellten 50 Ärztebiografien sind 35 Ärzte, die sowohl bei der Truppe als auch im KZ Dienst taten. 35 Ärzte entsprechen 24% der 145 Ärzte, von denen Martin Husen einen Truppen- *und* KZ-Dienst dokumentierte. Es ist jedenfalls ersichtlich, dass die Abschottungen der Konzentrationslager keineswegs so strikt waren, wie man meinen möchte. Denn gut ein Viertel der SS-Ärzte vor Ort im Feld, die die SS-Truppen betreuten, wurde zu gewissen Zeiten zur KZ-Tätigkeit ins Konzentrationslager versetzt. Manchmal kamen die Ärzte zurück, wenn ein Truppenarzt fehlte. Es bestand eine Fluktuation.

Ärzte, die den KZ-Dienst ablehnten, konnten sich zur Truppe versetzen lassen. Es ist aber nur ein Arzt bekannt, der einen Antrag auf Versetzung vom KZ zur Truppe stellte. Das war Peter Hofer (geb. 1903), er ließ sich vom KZ Buchenwald an die Kriegsfront versetzen und war Truppenarzt bei der 5. SS-Panzerdivision »Wiking« und danach bei der 16. SS-Panzergrenadierdivision »Reichsführer-SS«.[2] Wilhelm Z. lehnte es von vornherein ab, zum KZ-Dienst in ein Konzentrationslager kommandiert zu werden.

Die Versetzungen erfolgten durch Enno Lolling, Inspekteur der KZ, oder durch Ernst Grawitz, dem Reichsarzt-SS.[3] Ab 1942 war das Wirtschafts- und

---

[1] Ebenda, S. 6.

[2] Ebenda, S. 60; Kogon 1999, S. 163.

[3] Hahn 2008, S. 237.

Tab. 5: Wirtschafts- und Verwaltungshauptamt (ab 1942)

Amtsgruppe A	**Amtsgruppe B**	**Amtsgruppe C**	**Amtsgruppe D**	**Amtsgruppe W**
Truppen-verwaltung	Truppenwirt-schaft	Bauwesen	Konzentrations-lager	Wirtschaftliche Unternehmungen
	... E.G. Schenck ...		Chef: R. Glücks	
Amt A I Haushaltsamt [...]			Amt D I Zentral-amt R. Höß	
Amt A V Personalamt			Amt D II	
A V/1 Ersatz ...			Amt D III Sanitätswesen E. Lolling/F. Lucas	
A V/2 Versetzungen ...				
A V/3 Ausbildung				
A V/4 K.L. Versetzungen ...				

Legende: K.L.= Konzentrationslager
Quelle: Kempner 1987, S. 139

Verwaltungshauptamt (WVHA) unter seinem Leiter Oswald Pohl zuständig für das Personal sowohl der Waffen-SS als auch der Konzentrationslager (Tabelle 5) und somit auch für die Versetzungen. Eugen Kogon schrieb angesichts der »Organisationswucherung« der SS: »Die SS kannte sich am Ende ihrer Kompetenzverschlingung zum Teil selbst nicht mehr aus.«[4]

Manchmal war Krankheit des Arztes oder Verwundung die Ursache der Versetzung von der Truppe in ein KZ als Lagerarzt, wenn der Arzt nicht (mehr) frontdiensttauglich war. Das war beispielsweise bei Josef Mengele, Eduard Wirths oder Horst Fischer der Fall: Der eine hatte eine Nierenerkrankung, der andere eine Herzmuskelentzündung, und der dritte litt an Diphtherie. Mengele galt schon bei seiner Einberufung den »Gebirgsjägern« wegen einer Nierenerkrankung als nicht kriegstauglich, worauf ein Arbeitskollege von Mengele hinwies. Wirths wurde von der finnischen Front wegen einer Herzmuskelentzündung abkommandiert. Und Horst Fischer lag wegen einer Diphtherie im SS-Lazarett, als er angesprochen wurde, ob er nicht in einem KZ tätig sein wolle. Er wollte.

[4] Kogon 1999, S. 62 u. 378.

Die Versetzung wegen Krankheit in den KZ-Dienst war aber wohl eher selten. Manch einem Arzt mag das KZ andererseits als Ruhepol vorgekommen sein, um der Kriegsfront zu entfliehen, sodass er für den KZ-Dienst optierte. Andere sahen im KZ-Lager eine Chance, den Doktortitel zu erwerben oder sich als Facharzt weiterzubilden oder um sich als Wissenschaftler zu qualifizieren, sodass ihnen die Versetzung in den KZ-Dienst gerade Recht war.

Häufig wird wohl das Fehlen eines Truppenarztes an der Front der Grund für die Versetzung vom KZ-Dienst zur Truppe gewesen sein. Einige wenige Ärzte mögen den Dienst in der Truppe dem KZ vorgezogen und sich an die Front gemeldet haben. Dass aber die Versetzungen und Wechsel zwischen Kriegsdienst und KZ-Dienst derart häufig waren mit oft kurzfristigen Kommandierungen, erstaunt dann doch.

Stefan Hördler verweist darauf, dass Waffen-SS und KZ-System eine »organische Einheit« bildeten und nicht voneinander getrennt gesehen werden könnten. Die Fluktuation von SS-Ärzten zwischen dem KZ-System und den Feldeinheiten der Waffen-SS »war derart hoch, dass sie kaum beziffert werden kann«, schreibt er. Er nennt beispielhaft die Namen von sieben Ärzten: Heinrich Baumkötter, Ernst Frowein, Edwin Jung, Hans Eisele, Ludwig Ehrsam, Max Ostermaier und Fedor Sibeth.[5] »SS-Ärzte pendelten als Lager- und Truppenärzte oft mit kurzfristigen Kommandierungen«, so Hördler. Charles W. Sydnor Jr. ergänzt, dass die Versetzungen vom KZ insbesondere zur T. Div. gerade von Personen mit besonderer Qualifikation wie der von Ärzten öfter vorgekommen seien, wenn die SS-Einheit gerade die entsprechende Qualifikation benötigte.[6]

Diese Aussagen können mit dem hiesigen Datenmaterial bestätigt werden: Die häufigste Fluktuation zwischen KZ-System und Waffen-SS von Ärzten aus dem Untersuchungssample der 35 erfolgte demnach als Versetzung zur T. Div. Zwölf Ärzte (von 35) wurden zur T. Div. kommandiert oder von dieser zurück zum KZ-System. Am zweithäufigsten war die Fluktuation zwischen KZ-System und der SS-Division »Wiking«, in der vier Ärzte Dienst taten, die von einem KZ hierher versetzt oder die von der Feldtruppe zum KZ kommandiert wurden. In der SS-Leibstandarte Adolf Hitler waren zwei Ärzte, die zwischen KZ und der Leibstandarte pendelten. Zur SS-Division »Reich« wurden ebenfalls zwei Ärzte kommandiert. Zur SS-Panzer-

---

5 Hördler 2014, S. 89.

6 Sydnor (2007, S. 265) nennt eine Anzahl von 77 Männern, Offiziere und Mannschaften, die in der Zeit von Oktober 1939 bis März 1941 von der T. Div. in verschiedene KZ versetzt wurde.

Tab. 6: Fluktuation von Ärzten (n=24) zwischen namentlich bekannten Waffen-SS-Einheiten und KZ-System

SS-Totenkopfdivision (T. Div.)	Baumkötter, Ding-Schuler, Eckert, Ehrsam, Entreß, Frowein, Hock, Jung, Kirchert, Ostermaier, Plötner, Wolf
Leibstandarte SS »Adolf Hitler« (LSSAH)	Heim, Orendi
SS-Division »Reich«	Eisele, Wolf
SS-Division »Wiking«	Bodmann, Horst Fischer, Mengele, Ostermaier
SS-Panzergrenadierdivision »Reichsführer-SS«	Rindfleisch
SS-Panzerdivision »Hohenstaufen«	Entreß, Jung
SS-Division »Prinz Eugen«	Ostermaier, Sibeth
SS-Gebirgsdivision »Nord«	Heim, Wirths
SS-Kavalleriedivision	Frowein, Jung
SS-Fallschirmjägerbataillon 500	Lucas

division »Hohenstaufen« wurden auch zwei Ärzte von den hier untersuchten 35 Ärzten kommandiert, zur SS-Division »Prinz Eugen« ebenfalls zwei Ärzte, zur SS-Gebirgsdivision »Nord« zwei weitere Ärzte, zur SS-Kavalleriedivision auch zwei Ärzte und ein Arzt zur SS-Panzergrenadierdivision »Reichsführer-SS« (siehe Tabelle 6). Einige Ärzte tauchen mehrmals in der Tabelle 6 auf, weil sie zu verschiedenen SS-Einheiten versetzt wurden. Von elf weiteren Ärzten (von 35) ist zwar bekannt, dass sie vom KZ-System zu den SS-Feldtruppen kommandiert wurden oder umgekehrt, ohne dass aber der Name der SS-Truppe oder der SS-Einheit bekannt ist.

Heinrich Baumkötter war beim Polenfeldzug Angehöriger der Totenkopfverbände, deshalb wird angenommen, dass er danach Mitglied der T. Div. war, mit der er den Überfall auf die Sowjetunion mitmachte. Er wurde im November 1941 ins KZ Struthof und danach in andere KZ versetzt. Erwin Ding-Schuler war 1939/1940 Adjutant des Chefarztes der T. Div., dem Divisionsarzt Karl Genzken. Ein knappes Jahr diente Ding-Schuler bei der Waffen-SS, bis er zurück ins KZ-System versetzt wurde und zwar nach Buchenwald. Hermann Eckert monierte die unzureichende körperliche Verfassung der SS-Mannschaften der T. Div. nach dem Ausbruch aus dem Kessel von Demjansk. Im Oktober 1943 wurde er ins KZ Dachau kommandiert. Ludwig Ehrsam war 1936 im KZ-System tätig; dann längere Zeit bei der T. Div., und zwar von Beginn des Kriegs an bis etwa Mitte 1944. Dann wurde er bis Kriegsende Korpsarzt des IV. Panzerkorps. Friedrich Entreß diente als jemand, der im preußischen Posen geboren wurde und der die Abtretung Posens an Polen durch den Versailler

Vertrag als Schmach erlebte, während des Polenfeldzugs 1939 bei den Totenkopfverbänden, aus denen die T. Div. entstand. Er wurde ins KZ Groß Rosen, dann nach Auschwitz und Mauthausen versetzt, Anfang 1945 noch mal zurück zur Waffen-SS zur SS-Panzerdivision Hohenstaufen.

Ernst Frowein pendelte von der Waffen-SS zum KZ-System und 1944 zurück zur T. Div. Oskar Hock war 1936 Standortarzt im KZ Dachau und von 1941 bis 1943 bei der T. Div., er wurde vielfältig und häufig an verschiedene Einheiten der Waffen-SS kommandiert. Edwin Jung war 1936/37 Arzt im KZ Dachau. Er diente von Oktober 1939 bis 1942 als Regimentsarzt in der T. Div. Anschließend wurde er Divisionsarzt sowohl bei der SS-Kavalleriedivision als auch bei der 9. SS-Panzerdivision Hohenstaufen und zum Schluss Korpsarzt beim II. Panzerkorps. Werner Kirchert zog die Einberufung zur T. Div. einem Dienst in Euthanasieanstalten vor. Er machte zuvor Dienst in den KZ Sachsenburg, Dachau und Buchenwald. Maximilian Ostermaier war vor dem Krieg Arzt von Dachau, Esterwegen und Sachsenhausen. Mit Kriegsbeginn wurde er zur T. Div. versetzt, dann zu den SS-Divisionen »Wiking« und »Prinz Eugen«. Helmut Wolf war 1937 Truppenarzt der Totenkopfverbände und Arzt im KZ Lichtenburg und anschließend im KZ Buchenwald. In den 40er-Jahren wurde er Truppenarzt verschiedener SS-Einheiten.

Am zweithäufigsten war ein Wechsel von Ärzten zwischen dem KZ-System und der SS-Division »Wiking«, die »germanische« Division, die Angehörige der nordischen Länder aufnehmen sollte. Das klappte aber nicht so recht. Vier Ärzte, außer wie schon gesagt Maximilian Ostermaier auch Josef Mengele und Franz Freiherr von Bodmann, waren Truppenärzte der SS-Division »Wiking«. Josef Mengele schied wegen Verwundung und Krankheit 1943 aus der Truppenbetreuung aus und wechselte ins KZ Auschwitz. Bodmann war bis August 1942 Standortarzt in Auschwitz. Als Mengele nach Auschwitz versetzt wurde, war Bodmann nicht mehr da. Er wurde erst Arzt der SS-»Wiking«-Division, als diese in Ungarn bei der Plattenseeoffensive eingesetzt war. Horst Fischer wurde 1942 von der 5. Panzerdivison »Wiking« krankheitshalber als Arzt nach Auschwitz-Monowitz, dem Lager der IG Farben, versetzt.

Zwei Ärzte wurden zur SS-Leibstandarte »Adolf Hitler« kommandiert, ein Österreicher und ein Rumäne. Aribert Heim, der sich nach dem Krieg nach Kairo absetzte, war 1941 bei der Inspektion der KZ. Dann erfolgten die Versetzungen in die KZ Sachsenhausen und Buchenwald, dann Ende 1941 zum Ersatzbataillon LSSAH, dann wieder ins KZ Mauthausen. Benno Orendi wurde 1942 zur LSSAH kommandiert, 1944 Versetzung ins KZ Ravensbrück, anschließend KZ Sachsenhausen.

Kommandeur der Leibstandarte war Josef (»Sepp«) Dietrich (1892–1966), der aus einfachen Verhältnissen stammte und keine höhere Schulbildung hatte. Er war im Hotelfach tätig, nach dem Ersten Weltkrieg war er Angehöriger eines Freikorps, er arbeitete in einer Tankstelle, 1928 trat er in die NSDAP und in die SS ein. Ab Februar 1932 leitete Dietrich Hitlers Begleitkommando, das ab März 1933 als Stabswache der Reichskanzlei fungierte.[7] Dietrich »war ein Troupier mit grobschlächtigen Umgangsformen aus dem Münchner Bierkellermilieu,«[8] der aber zu der Mystifizierung der Leibstandarte als Elite-Einheit beitrug. Die SS-Division »Leibstandarte Adolf Hitler« war eine der Elite-Divisionen der Waffen-SS.

Die Leibstandarte residierte in einer Kaserne in Berlin-Lichterfelde; es gab ein Hallenbad. Die Angehörigen der Leibstandarte wurden zunächst als »Asphaltsoldaten« belächelt.[9] Im September 1933 erhielt sie den Namen Leibstandarte SS »Adolf Hitler«. Schützenkompanien aus ihrer Reihe waren 1934 am Röhm-Putsch beteiligt und ermordeten Teile der SA. Die Leibstandarte verübte etliche Kriegsverbrechen sowohl an der Ost- als auch an der Westfront.[10] Bereits beim Polenfeldzug 1939 kam es zu Judenerschießungen. Sie war im März 1941 in Metz in Lothringen neu aufgestellt worden, sie wurde nach Rumänien verlegt und war im April und Mai 1941 an Kämpfen in Jugoslawien und Griechenland beteiligt. Sie bewegte sich vor Beginn des Kriegs gegen die Sowjetunion nach Böhmen und Mähren. Der Leibstandarte wurden nach dem Überfall auf die Sowjetunion Ausführungen des »Kommissarbefehls« als Kriegsverbrechen angelastet.[11] Nach dem Massaker von Taganrog am Asow'schen Meer im Oktober 1941 wurde die »Standarte« neu gegliedert und war bis Ende Januar 1943 in Frankreich eingesetzt. Danach war sie dann wieder an der Ostfront in der Ukraine. In Charkow wurden ihr weitere Kriegsverbrechen nachgesagt.

Dazu eine Anekdote.

Ich erinnere mich an einen Urlaub in Bayern vor mehr als 20 Jahren. Ich lernte Herrn von B. kennen. Er war ehemaliger Besitzer von zwei Schlös-

---

[7] Longerich 2010, S. 143.

[8] Lang 1989, S. 157.

[9] ZDF, »Die Geschichte des Bösen«, Deutschland 2009, Teil 1, ausgestrahlt von ZDFinfo am 4.2.2024.

[10] Wikipedia (3.1.2024).

[11] Schulte u.a. 2014, S. 19; Leleu, J.-L.: Jenseits der Grenzen: Militärische, politische und ideologische Gründe für die Expansion der Waffen-SS, in: Schulte u.a. 2014, S. 25–41; Sydnor 2007, S. 259.

sern in Sachsen-Anhalt und bemühte sich darum, sie wieder zu bekommen – die deutsche Vereinigung war erst zehn Jahre her. Im Gespräch erzählte Herr von B., dass er im Zweiten Weltkrieg an der Ostfront kämpfte, als in Charkow Sepp Dietrich mit seiner Leibstandarte zu ihnen stieß. Herr von B. sagte über Sepp Dietrich: »Das war ein anständiger Mensch. Gräueltaten wurden von anderen Regimentern verübt, die namhaft gemacht wurden.«

Im Juli 1943 beteiligte sich die LSSAH an der Schlacht am Kursker Bogen und wurde anschließend in Eiltransporten von der Ostfront nach Oberitalien verlegt. Italien hatte den Bündnispartner gewechselt. In eigener Regie, ohne Befehl, erschoss die »Leibstandarte« am Lago Maggiore 60 meist italienische Juden.[12] Das III. Bataillon (Schützenpanzer-Bataillon) verübte im September 1943 im Bezirk Piemont Kriegsverbrechen an Zivilisten.[13]

Zu den Einzelheiten der übrigen Kommandierungen von Ärzten sowohl zur kämpfenden SS-Truppe als auch als Lagerarzt in die KZ siehe oben die Kurzbiografien.

Fluktuation von Ärzten zwischen Waffen-SS und Euthanasieanstalten

Drei der hier genannten Waffen-SS-Ärzte waren in psychiatrischen Kliniken oder Euthanasieanstalten beschäftigt. Sie waren Mitglieder der Allgemeinen SS. Die Euthanasie war im Reichsgebiet kein Projekt der SS, sondern ein Projekt von Staat und Partei. Mit dem Überfall auf Polen und auf die Sowjetunion wurden auch hier psychiatrische Patienten ermordet. Im Osten war die SS für die Euthanasiemorde verantwortlich.[14]

Willi Baumert war seit 1936 in der Landes- und Pflegeanstalt in Osnabrück tätig, und er war in der Kinderfachabteilung der Pflegeanstalt Lüneburg an der Kindereuthanasie beteiligt. Er wurde zur Waffen-SS kommandiert.

Kurt Borm war 1938 bei den Totenkopfverbänden und ging bei Kriegsbeginn freiwillig zur Leibstandarte. Er ließ sich 1940 im Reichsgebiet für die Euthanasiemorde anwerben.

Ein dritter Waffen-SS-Arzt, der bei der Euthanasie aktiv war, war Walter Eugen Schmidt. Er war Arzt in den Euthanasieanstalten Hadamar und

12 Artzt 1987, S. 104.
13 Kempner 1987, S. 213–223.
14 Longerich 2010, S. 446.

Eichberg, als er 1939 zur Waffen-SS einberufen wurde; 1941 kehrte er als u.k. gestellt in die Anstalten zurück.[15]

So mögen sich bei diesen Männern die Brutalitäten des zivilen Berufs und die militärische Tätigkeit gegenseitig beeinflusst, ergänzt, potenziert haben. Wer nicht nur im Militär mit Mord und Totschlag in Berührung kam, sondern auch im zivilen Beruf, zog mit Sicherheit eine große Blutspur hinter sich her. Die Euthanasiemorde waren nicht aufs Altreich beschränkt, sondern sie wurden im Osten fortgesetzt. Im Osten aber vor allem durch die Einsatzgruppen.

Fluktuation von Ärzten zwischen Waffen-SS und Wehrmacht; Berichte von Wehrmachtsärzten über Kontakte mit der Waffen-SS

Die Sanitätseinheiten der Waffen-SS unterstanden im Kriegseinsatz Siegfried Handloser (1885–1954).[16] In einem Erlass vom 28. Juli 1942 versuchte Hitler, Ordnung in das Chaos des Gesundheitswesens zu bringen. Zuständigkeiten sollten geregelt werden. So hieß es für den militärischen Bereich:

»Für den Bereich der Wehrmacht beauftrage ich den Heeressanitätsinspekteur als Chef des Wehrmachtssanitätswesens unter Beibehaltung seiner bisherigen Aufgaben mit der Zusammenfassung aller gemeinsamen Aufgaben auf dem Gebiet des Sanitätswesens der Wehrmacht, der Waffen-SS und der Wehrmacht unterstellten und angeschlossenen Organisationen und Verbände. [...] Grundsätzliche Fragen des Sanitätswesens der Waffen-SS sind im Einvernehmen mit der Sanitätsinspektion der Waffen-SS zu regeln.«[17]

Es gab also keine »volle Unterstellung« der Waffen-SS unter die Wehrmacht.[18] Handloser hatte keine direkten Befehlsbefugnisse gegenüber der

[15] Ein weiterer Arzt, der sowohl bei der Euthanasie beteiligt als auch Angehöriger der Waffen-SS war, war der Psychiater Günter Munkwitz (1912–1970). Er stammte aus Leipzig, über seine Herkunft ist ansonsten nichts bekannt. Er war 1939–1942 Assistent von Werner Heyde, dieser war Psychiatrie-Professor in Würzbug und Leiter der T-4-Zentrale in Berlin. Munkwitz war zuletzt Stabsarzt bei der SS-Panzergrenadierdivision Götz von Berlichingen. Nach 1945 DDR und SED, 1970 Suizid (Klee 2018, S. 509).

[16] Handloser war sein Leben lang im militärischen Sanitätsdienst tätig. Im Nürnberger Ärzteprozess zu lebenslanger Haft verurteilt, wurde er wegen einer Krebserkrankung 1954 entlassen (Hirt, O.: Lebensbild. Generaloberstabsarzt a. D. Prof. Dr. Handloser gestorben, in: Münchner medizinische Wochenschrift 96: 1954, S. 1260–1261).

[17] Schmidt, U.: Hitlers Arzt Karl Brandt, Aufbau Verlag, Berlin 2009, S. 281.

[18] Guth 1991, S. 179.

Waffen-SS. Und Heinrich Himmler, Reichsführer-SS, und Ernst Grawitz, Reichsarzt-SS, achteten darauf, dass die Waffen-SS niemals »4. Wehrmachtsteil« neben Heer, Marine und Luftwaffe wurde. In der Praxis arbeiteten Handloser und Grawitz aber zusammen und pflegten einen »respektvollen« Umgang miteinander.[19]

So verwundert es nicht, wenn es auch einen Arztwechsel von der Waffen-SS zur Wehrmacht bzw. von der Wehrmacht zur Waffen-SS gab. Allerdings waren diese Wechsel wohl eher selten.

Friedrich Karl Dermietzel war als HNO-Arzt 1940 Divisisonsarzt der SS-Division »Reich« (die später umbenannt wurde in »*Das* Reich«). 1944 wurde er Korpsarzt des II. SS-Panzerkorps. Und er wechselte dann im November 1944 als Arzt zu der neu aufgestellten 6. Panzerarmee, die auch 6. SS-Panzerarmee genannt wurde, weil sie Anteile von Wehrmacht und SS-Divisionen enthielt.

Alfred Trzebinsky, geboren im damals preußischen Bezirk Posen, seit 1933 SS-Mitglied, wechselte im Mai 1941 von der Wehrmacht zur Waffen-SS. Im September 1943 wurde er Standortarzt im KZ Neuengamme.

Der dritte Arzt, der zwischen Waffen-SS und Wehrmacht wechselte, war Hördemann. Seine Kurzbiografie wurde oben ebenfalls erzählt. Er machte den Überfall auf die Sowjetunion im Juni 1941 mit als Angehöriger der SS-Division »Leibstandarte Adolf Hitler«. Hördemann wurde allerdings schon im Juli 1941 in der Ukraine schwer verwundet. Im Oktober 1943 wurde er aus der Waffen-SS entlassen. Er kam als Oberstarzt zur Wehrmacht, mit deren Heer er in Belgien und Frankreich war.

Hermann Fischer war zwar SS-Mitglied, diente aber von 1939 bis 1943 in der Wehrmacht. Ab 1943 wurde er in mehrere KZ versetzt.

Der fünfte Arzt, der von der Wehrmacht zur Waffen-SS wechselte, war Josef Mengele. Er wurde zunächst von der Wehrmacht eingezogen, bewarb sich dann allerdings freiwillig bei der Waffen-SS.

Wenn Wehrmachtsärzte in ihren Autobiografien über die Waffen-SS sprachen, dann geschah das meist äußerst selten und verklausuliert. Die Kriegsverbrechen, auch nicht die der Waffen-SS, wurden auf gar keinen Fall thematisiert, sondern sie wurden verschwiegen.

Prof. Hans Killian, der Beratende Chirurg der 16. und 18. Armee der Heeresgruppe Nord, berichtete in seiner Autobiografie wie gesagt von dem heldenhaften Ausbruch der Wehrmacht aus dem Kessel von Demjansk. Er

---

19 Hahn 2008, S. 224 u. 362f.

erwähnte in seinem Text »Formationen«, die die Wehrmacht dabei unterstützten. Offenbar meinte er die T. Div., denn von ihr wurde gesagt, dass sie beim Ausbruch aus dem Kessel von Demjansk äußerst erfolgreich und tapfer kämpfte. Aber Hans Killian benannte die Division der Waffen-SS nicht. Er sprach von »Formationen«. Er erwähnte das Wort »Waffen-SS« nicht. Das Wort kam ihm nicht unter und nicht in die Feder und nicht aufs Papier. Ein uninformierter Leser kann nicht verstehen, was Killian mit »Formationen« meinte. In seinem Buch gibt es nur die »saubere« Wehrmacht.

Werner Wachsmuth (1900–1990), Beratender Chirurg der Wehrmacht wie Hans Killian, aber anders als dieser kein NSDAP-Mitglied, fuhr mit der Heeresgruppe Mitte durch die belarussische Sowjetrepublik. Er beschrieb in seiner Autobiografie keine Gräueltaten, obwohl sich die Kriegsverbrechen gerade in Weißrussland häuften. Die im März 1995 eröffnete Ausstellung »Vernichtungskrieg. Verbrechen der Wehrmacht 1941–1944«, kuratiert von Hannes Heer, zeigte, dass die Wehrmacht vom ersten Tag der Besetzung Weißrusslands an einen »unerbittlichen Rassenkrieg gegen die slawischen Untermenschen« führte.[20]

Wachsmuth war Chef der Chirurgie der Militärärztlichen Akademie in der Scharnhorststraße 35. Er war bis 1942, bis zu seiner Ablösung, Chef aller Beratenden Chirurgen.[21] Er war zur Wehrmacht gegangen, um den Drangsalierungen durch die SA zu entfliehen. Später wurde er Professor. Er war einer der wichtigsten Kriegschirurgen in der Wehrmacht. Werner Wachsmuth hörte – angeblich – von nichts. Und er sah nichts. Ein blinder Chirurg. Oder er tat so, als hätte er von nichts gehört und nichts gesehen. Denn eigentlich kann ein zukünftiger Professor der Chirurgie ja nicht wie Parzifal durch die Welt marschieren und nicht bemerken, wenn rechts und links von ihm gemordet wird. Er brach am 21. Juni 1941 ostwärts auf und fuhr über Brest nach Weißrussland hinein. Wachsmuth kam in das zerstörte Minsk.

Im Gefolge der Heeresgruppe Mitte marschierte die Einsatzgruppe B. Sie blieb in der Gegend, bis auch das letzte Ghetto geräumt war. »In der Literatur wird die Handreichung der Wehrmacht zur Vernichtung der osteuropäischen Juden zumeist unterschlagen«, schreibt Hannes Heer.[22]

---

[20] Heer 2020 (Vernichtungskrieg), S. 32.

[21] Behrendt, K. Ph.: Die Kriegschirurgie von 1939–1945 aus der Sicht der Beratenden Chirurgen des deutsches Heers im Zweiten Weltkrieg, Dissertation der mediz. Fakultät der Albert-Ludwigs-Universität, Freiburg 2003, S. 21 u. 245.

[22] Heer, H.: Killing Fields, in: Heer/Naumann 1997, S. 57–77, hier S. 60.

Anfang August 1941 besetzte die Wehrmacht die Ortschaft Schumjatschi im westrussischen Gebiet Smolensk. Die Einsatzgruppe B, die aus 650 Mitgliedern bestand, agierte zunächst in Belarus und dann in Westrussland. Sie vernichtete im August und Oktober 1941 etwa 1.500 Juden im Raum Smolensk. In Schumjatschi war das Einsatzkommando 8 der Einsatzgruppe B an den Mordaktionen im November 1941 beteiligt. Dort wurden auch 17 behinderte Kinder ermordet – die, so ein Zeuge später, am 18. November »beinah nackt« erschossen wurden. Der Zeuge sah Totenköpfe an den Schirmmützen der Deutschen – also waren es Angehörige der Waffen-SS.[23]

Ein Oberstabsarzt Raefler, Leiter des Feldlazaretts 6/562 in Schumjatschi, NSDAP-Mitglied, befürchtete die Ausbreitung von Seuchen und hielt die Ermordung der Kinder für nötig. Er wohnte auch der großen Judenexekution in Schumjatschi im November 1941 bei.[24]

Werner Wachsmuth kam im November 1941 nach Smolensk, wo er zusammen mit der Heeresleitung Halt machte. Überall gab es Massaker an Juden, von denen Wachsmuth aber nichts in seiner Nachkriegsautobiografie berichtete. Er interessierte sich für Moskau. Die Deutschen waren nur noch 35 Kilometer von Moskau entfernt. In seiner Autobiografie schrieb er: »Wir waren schon mit Listen ausgerüstet worden, auf denen alle achtens- und schonungswerten Objekte Moskaus verzeichnet waren.« Am 2. Oktober 1941 begann eine Offensive in Richtung Moskau. Am 16. Oktober waren die Deutschen in den Vororten Moskaus. Es begann die Evakuierung der Moskauer Bewohner; vier Millionen verließen die Stadt.[25] Doch aus Moskau wurde nichts.[26]

Stattdessen wurden andere Städte und Dörfer zerstört. Der Wehrmachtssoldat Johannes Werner Günther (geb. 1917) war dabei. Er brauchte anschließend 70 Jahre und musste 95 Jahre alt werden, bevor er über das Erlebte sprechen konnte. Er sagte: »Wenn Sie sich vorstellen, tiefer Schnee, bis zu einem Meter hoch, eine Kälte von 40 Grad. Sie haben übernachtet in diesem Dorf südwestlich von Moskau, die Frauen und Kinder haben noch ihr kärgliches

---

[23] Rebrova, I./Friedman, A.: Behinderte Kinder als Opfer der nationalsozialistischen Mordpolitik, in: Osterloh, J./ Schulte, J.E./Steinbacher, S. (Hrsg.), »Euthanasie«-Verbrechen im besetzten Europa, Wallstein Verlag, Göttingen 2022, S. 289–306, hier: S. 292–294.

[24] Ebenda, S. 295f. Im Verz. 1937 ist nur ein einziger Arzt mit dem Namen Raefler aufgelistet: Das war der Gynäkologe Johannes Raefler aus Nürnberg. Unter den Ärzten der Waffen-SS gab es niemand mit dem Namen Raefler.

[25] Bejdin, I.: »Das Sicherheitsbedürfnis der sowjetischen Menschen ist riesengroß«, in: Frankfurter Rundschau (FR) vom 28.12.1987.

[26] Wachsmuth, W.: Ein Leben mit dem Jahrhundert, Springer-Verlag, Berlin (West) u.a. 1985, S. 89–97.

Essen mitgegeben. Und in der Früh wird das Dorf angezündet. Einfach nur die Fackel ans Strohdach halten. Die Frauen knien im Schnee und halten dir ihre Kinder entgegen. Die waren dem Tod geweiht. Ich wäre am liebsten hingegangen und hätte die Fackel weggenommen.«[27] Warum hat er es nicht getan?

Im Juni 1944 war Wachsmuth in Frankreich. Denn ab dem frühen Morgen des 6. Juni 1944 landeten bis zum Abend 157.000 amerikanische, britische und kanadische Soldaten an einem 70 Kilometer langen Küstenabschnitt der Normandie. Die Operation Overlord hatte begonnen. Die Deutschen versuchten mit 30.000 Mann, die Invasion abzuwehren.[28] 9.000 alliierte Soldaten waren am Abend des ersten Invasionstages tot oder verwundet. Allein an dem Küstenabschnitt, an dem die US-Amerikaner landeten, am »Omaha Beach«, gab es am ersten Tag 800 Gefallene. Bis zum 10. Juni hatten die Alliierten 325.000 Mann an Land gebracht.[29]

Alle verfügbaren deutschen Truppen wurden zur Normandie befohlen. Wachsmuth wollte die eigenen Verwundeten nach rückwärts transportieren lassen. Sepp Dietrich, der Kommandeur der »Leibstandarte«, war mit seiner SS-Division in der Nähe. Die SS-Leibstandarte »Adolf Hitler« benutzte unter Missachtung der Genfer Konvention Sanitätskraftwagen, die ein Rotes Kreuz auf dem Dach aufgemalt hatten, für Munitionstransporte, schrieb Wachsmuth. Die Alliierten zerschossen daraufhin die deutschen Rote-Kreuz-Autos. Wachsmuth hätte nun trotzdem gern gehabt, dass Sepp Dietrichs »SS-Division« die Verwundetentransporte sichern würde. Generalfeldmarschall Gerd v. Rundstedt,[30] Oberbefehlshaber des westlichen Kriegsschauplatzes, sah jedoch angeblich keine Möglichkeit, so Wachsmuth, auf die »SS-Division« einzuwirken. Er wollte »jede Reibung« mit den SS-Truppen vermeiden.[31]

Aber die Kontakte zwischen Wehrmacht und Waffen-SS waren doch wohl enger, als von Wachsmuth dargestellt. Denn »Sepp Dietrich drang als General

---

[27] Eisenhauer, B./Schaaf, J.: »Du wolltest ja leben«, in: FAS vom 10.3.2013.

[28] ARD, 24 h D-Day, Sendung vom 27.5.2024.

[29] Sturm, P.: Der große Sprung, in: FAZ vom 6.6.2024.

[30] Gerd v. Rundstedt (1875–1953) war als Feldmarschall bis 1941 Befehlshaber der Heeresgruppe Süd im Osten. In dieser Eigenschaft unterstützte er einen Befehl, demzufolge »das wesentlichste Ziel des Feldzugs gegen das jüdisch-bolschewistische System [...] die Ausrottung des asiatischen Einflusses im europäischen Kulturkreis« sei. Hierdurch entstünden auch für die Truppe Aufgaben, die über das hergebrachte einseitige Soldatentum hinausgingen. Der Soldat sei im Ostraum nicht nur »ein Kämpfer [...] , sondern auch Träger einer unerbittlichen völkischen Idee und der Rächer für alle Bestialitäten, die deutschem [...] Volkstum zugefügt wurden«. Heer/Streit 2020, S. 213–215.

[31] Wachsmuth 1985, S. 110.

der Waffen-SS als Armeeoberbefehlshaber in die höchsten Spitzen der Wehrmacht vor.«[32] Er wurde Kommandeur der 6. Panzerarmee. Diese wurde im September 1944 aus Wehrmachtsteilen in Belgien und Nordfrankreich und aus SS-Divisionen, auch Dietrichs Leibstandarte, zusammengesetzt. Sie wurde auch 6. SS-Panzerarmee genannt, damit sie nicht mit der 6. Armee verwechselt wurde.

Nach der Invasion der Alliierten kämpften schließlich sechs SS-Divisionen in der Normandie mit 120.000 Mann. Eine Schwachstelle für die kämpfenden Alliierten waren die Ardennen, ein 11.000 Quadratkilometer dicht bewaldetes Hügelland zwischen Frankreich, Belgien und den Niederlanden. Die völlig unvorbereiteten Alliierten wurden am Morgen des 16. Dezember 1944 von den deutschen Truppen angegriffen. Als Befehlshaber der 6. SS-Panzerarmee beteiligte sich Sepp Dietrich an der Ardennenoffensive. Es war eisig kalt bei minus 17 Grad. Die Alliierten waren auf diesen Frost nicht vorbereitet, während die Deutschen sich seit den Wintern im Osten mit der Kälte auskannten. Die Ardennenoffensive war der letzte Versuch der Deutschen, das Kriegsglück herumzureißen. An die 30 deutsche Divisionen, 1.400 Panzer und über 1.000 Flugzeuge führten bei tief hängendem grauen Himmel zu einem überraschenden Schlag gegen die Alliierten.

Der Kommandeur des 1. Panzerregiments der Leibstandarte »Adolf Hitler«, Joachim Peiper (1915–1976), war am 17. Dezember für das Malmédy-Massaker verantwortlich, bei dem 84 amerikanische Kriegsgefangene erschossen wurden, obwohl sie sich bereits ergeben hatten.[33] Es könne als sicher angenommen werden, dass es einen konkreten Befehl zur Erschießung der Gefangenen gab, heißt es von den Experten. Mehr als die Hälfte der Erschossenen hatte einen Kopfschuss, was als untrügliches Zeichen einer gezielten Exekution gelten könne. Malmédy liegt in Belgien nahe der deutschen Grenze, südlich von Aachen. Es war eine belgische Enklave, die von den Deutschen 1940 annektiert worden war. Dabei könne das Massaker von Malmédy nicht als einmaliger »Ausrutscher« angesehen werden, sondern es reihe sich ein in eine lange Liste von Verbrechen an Kriegsgefangenen und Zivilisten während der Ardennenoffensive.

---

32 Lieb, P.: Die Panzerdivisionen von Waffen-SS und Wehrmacht in der Normandie 1944 im Vergleich, in: Schulte u.a. 2014, S. 341.

33 Schütte 2016, S. 394; Westermeier, J.: Die Junkerschulgeneration, in: Schulte u.a. 2014, S. 269–285; Wikipedia (Peiper, 13.4.2024). Lieb, P.: »Unnötiger Ballast«, in: FAZ vom 19.7.2010.

In dem nahe gelegenen Stavelot erschossen die Peiper-Soldaten mehr als 100 belgische Zivilisten. Aber nach wenigen Tagen klarte der Himmel auf, und die alliierten Bomber kamen in dichten Schwärmen heran, denen die Deutschen nichts entgegenzusetzen hatten. Als die US-Truppen nach Stavelot kamen, zeigte sich ihnen ein Grauen: Kopfdurchschüsse bei den Opfern, aufgeschlitzte Hälse, abgetrennte Arme, tote Babys; in jedem Haus gab es Tote.[34]

Am 23. Dezember 1944 war die deutsche Offensive gescheitert und am 25. Januar 1945 war die Ardennenoffensive endgültig vorbei. Es gab 76.890 US-amerikanische Opfer, davon 29.000 gefallene oder vermisste Soldaten; es war die verlustreichste Schlacht der US-Truppen. Unter den Deutschen gab es 67.461 Opfer, davon mehr als 17.000 Tote. Zu den deutschen Verlusten gehörten 600 Panzer. Die deutschen Verluste waren nicht mehr zu ersetzen.[35]

Nach ihrem Misserfolg in den Ardennen wurde die »zähe« 6. SS-Panzerarmee ab Februar 1945 nach Ungarn verlegt zur Plattenseeoffensive. Die ungarischen Ölquellen waren zu schützen. Sepp Dietrich zog aber schließlich einen Rückzug seiner Einheit einem sinnlosen Selbstopfer vor, er kämpfte sich in Richtung Westen nach Österreich durch. »In blinder Wut befahl Hitler, Sepp Dietrichs Einheiten in Unehre die Ärmelstreifen abzunehmen.«[36]

Sepp Dietrich starb 1966 an einem Herzinfarkt. Zu seiner Trauerfeier kamen 5.000 Personen.

Eine andere an der Ardennenoffensive beteiligte SS-Division war die 10. SS-Panzerdivision »Frundsberg«, benannt nach dem Namen eines Landsknechts aus dem Mittelalter. Truppenarzt der SS-Panzerdivison »Frundsberg« war von Mitte 1943 bis Mitte 1944 der oben bereits erwähnte Fritz Fischer.[37]

Die Division Frundsberg hat eine besondere Berühmtheit erlangt, weil der 17-jährige Günter Grass (1927–2015) in ihr diente. Er hatte sich mit 15 Jahren freiwillig zur Wehrmacht gemeldet, kam dann aber zur Waffen-SS. Skandalös war Grass' SS-Truppenangehörigkeit nur deshalb, weil er sie erst 2006 öffentlich machte und zuvor andere Leute kritisierte, die ihre Mitgliedschaften in NS-Organisationen verschwiegen hatten.

---

[34] ZDF History 2019, National Geography (Sendung vom 10.4.2024).

[35] Kershaw 2011, S. 234.

[36] Ebenda, S. 357f. u. 396.

[37] Husen 2023, S. 38.

Im Herbst 1944 hatten junge Rekruten allerdings kaum noch eine Wahlalternative.[38] Seit Mitte 1944 waren die Mitglieder der Waffen-SS schon längst nicht mehr alle Freiwillige, sondern »unfreiwillig Freiwillige«, wie sie Himmler einmal in einer Rede bezeichnete.[39] Wahrscheinlich war ein Drittel der Gesamtzahl derjenigen, die in die Waffen-SS eintraten, zwangsweise eingezogen worden; die Zahl der zwangsweise Eingezogenen war bei Kriegsende größer als am Anfang.[40] In den letzten Apriltagen 1945 konnten sich Jugendliche im Reichsarbeitsdienst einer Einberufung in die Waffen-SS allenfalls dann entziehen, wenn sie auf starke Bindungen an die katholische Kirche verwiesen oder einen Einberufungsbescheid der Wehrmacht vorlegten.[41] Aber von den 1944 gemusterten jungen Männern erhielt die Waffen-SS eine Quote von 17,3%; das Oberkommando der Wehrmacht (OKW) räumte der SS schließlich ein, von den Jahrgängen 1927 und 1928 jeweils 20% der Kriegsfreiwilligen abzuschöpfen. Darüber hinaus war es üblich, Wehrmachtssoldaten zu SS-Einheiten zu versetzen, um diese aufzufüllen. Unter den Zwangsrekrutierten waren auch Nicht-SS-Mitglieder.[42]

Die 12. SS-Panzerdivision »Hitlerjugend«, die erst im Februar 1943 aufgestellt wurde, enthielt sehr junge Soldaten, 16- und 17-Jährige (am Ende wurde auch der Jahrgang 1929 eingezogen), die für ihre Brutalität und ihr Draufgängertum bekannt waren. Sie hatten keinerlei Gefahrenbewusstsein. Die jungen SS-Grenadiere waren »fanatisch«, »wahnhaft Hitler hörig« und wurden so zu Kriegsverbrechern. Peter Lieb nennt die Division die am stärksten nationalsozialistisch indoktrinierte in den gesamten Streitkräften. Wegen ihrer »Grausamkeiten« wurden die jungen Soldaten, fast noch Teenager, vielfach vom NS-Regime ausgezeichnet.[43] Die Hosenbeine der Tarnanzüge dieser Jungen mussten umgekrempelt werden, es gab nicht so kleine Uniformen. Die Alliierten sprachen von »baby division«. Die 12. SS-Panzerdivision »Hitlerjugend« wurde bei der Ardennenoffensive eingesetzt. Sie erschoss mehr als 180 Kriegsgefangene.

---

[38] Herwig, M.: Die Flakhelfer, Deutsche Verlags-Anstalt/Random House, München 2013, S. 219–222 u. 238.

[39] Lieb 2014, S. 339.

[40] Kempner 1987, S. 185.

[41] Kershaw 2011, S. 638f.

[42] Longerich 2010, S. 693 u.723.

[43] Lieb 2014, S. 341–343;Wikipedia (Kurt Meyer), 4.1.2024.

5. Einsatzgruppen

Die meisten Kriegsverbrechen wurden im Osten durch die Einsatzgruppen (EG) begangen. Ihre wichtigste Aufgabe war die Vernichtung der jüdischen Bevölkerung. Die Ermordung der Juden diente keinen »rassistischen« Zwecken. Die Juden wurden nicht getötet, weil sie einer besonderen ethnischen Gruppe angehörten. Sondern sie wurden vernichtet, weil sie nach Hitlers Ansicht das internationale »Finanzjudentum« verkörperten. Jegliche Internationalität widersprach dem völkischen nationalen Gedanken. »Das internationale Judentum ist der Weltvergifter aller Völker«, so Hitler. Und das »Ostjudentum sei als Keimzelle des Westjudentums zu vernichten«.[1]

Die Einsatzgruppen waren SS-Einheiten, die sich aus Angehörigen sowohl der staatlichen Polizei wie Kripo, Gestapo oder Ordnungspolizei als auch aus Angehörigen des Sicherheitsdienstes der SS (SD) zusammensetzten, manchmal auch aus Mitgliedern der Waffen-SS. Sie unterstanden Himmlers Reichssicherheitshauptamt.

Es gab zunächst vier Einsatzgruppen; dann wurde eine fünfte Einsatzgruppe »zur besonderen Verfügung (z.b.V.)« gegründet. Die vier Einsatzgruppen waren mit den Buchstaben A, B, C und D gekennzeichnet – sie waren den Heeresgruppen im Osten zugeteilt worden und folgten nach dem Überfall auf die Sowjetunion den Heeresgruppen Nord, Mitte und Süd, wobei die Heeresgruppe Süd seit 1942 nochmals unterteilt war in Heeresgruppe A und B.[2]

Auch die Einsatzgruppen brauchten Ärzte. Dabei waren die einzelnen militärischen und paramilitärischen Formationen nicht so hermetisch voneinander abgeschlossen, wie man uns zunächst weismachen wollte. Denn es gab nicht nur Fluktuationen der Ärzte zwischen Waffen-SS und Konzentrationslagern oder Arztwechsel zwischen Waffen-SS und Wehrmacht. Es gab ebenfalls Versetzungen von Ärzten der Waffen-SS zu den Einsatzgruppen.

Die Gesamtzahl der Männer in den Einsatzgruppen belief sich zunächst auf 2.700.[3] Daniel Jonah Goldhagen (geb. 1959) beziffert die Anzahl mit 3.000 (anfangs) und (später) 6.000 Mann.[4] Sein Vater Erich Goldhagen (geb.

---

1 Goldhagen, D. J.: Hitlers willige Vollstrecker, Siedler Verlag, Berlin 1996, S. 185 u. 197.
2 Hilberg 1999, S. 299–304.
3 Longerich 2010, S. 473.
4 Goldhagen 1996, S. 204.

1930) stammte aus Polen und wuchs in Czernowitz auf, dessen Ghetto er überlebte; er emigrierte nach dem Zweiten Weltkrieg in die USA und wurde Historiker.

In der Sowjetunion lebten fünf Millionen Juden.[5] Vier Millionen wohnten in dem Gebiet, das die Deutschen besetzten: davon drei Millionen in der Ukraine. Eine halbe Million Juden lebte in Weißrussland.[6] Die Deutschen brachten in der Sowjetunion 2,9 Millionen Juden um.[7] Durch die mobilen Einsatzgruppen starb insgesamt mehr als 1 Million Juden auf dem Gebiet der UdSSR;[8] das war aber nur *ein Teil* der Gesamtzahl der jüdischen Opfer. Der Rest sei bei zusätzlichen Erschießungen gestorben, durch Polizeiaktionen, durch die deutsche Armee oder durch Entbehrungen in Ghettos, in Lagern, auf freiem Feld oder in Wäldern.[9]

Nach der Besetzung der Ukraine durch die Deutschen wurde die Ukraine in vier Okkupationszonen aufgeteilt: eine Zone war unter deutscher Militärverwaltung, eine andere unter deutscher Zivilverwaltung (Reichskommissariat Ukraine, RKU), eine weitere unter rumänischer Verwaltung (Transnistrien), und das östliche Galizien wurde Teil des Generalgouvernements.[10]

Der Hauptschauplatz des Holocaust war das heutige Gebiet der Ukraine mit 1,5 Millionen jüdischen Toten.[11] In Belarus starb eine halbe Million Juden: praktisch alle weißrussischen Juden. Rund 2,2 Millionen Weißrussen wurden von den Deutschen im Krieg ermordet. Ein Fünftel von insgesamt rund 10,6 Millionen Bewohnern der weißrussischen Sowjetrepublik wurde ausgelöscht.[12] Darunter außer den Juden 700.000 Kriegsgefangene und 345.000 Partisanen.[13]

Am Vorabend des Kriegs gegen die Sowjetunion gab es eine Tagung der Einsatzgruppen, auf der ihre Aufgaben besprochen wurden.[14] Dazu gehörten die Liquidierung von Juden, ferner die Liquidierung von kommunistischen

---

5 Kempner 1987, S. 232 (Besprechungsprotokoll der Wannseekonferenz vom 20.1.1942).

6 Wikipedia (9.1.2024)

7 Makhotina, K./Zabarko, B.: Leben für die Bewahrung der Erinnerung, in: Bulletin des Fritz Bauer Instituts 15: 2023, S. 38–45, hier: S. 38.

8 Goldhagen 1996, S. 225f.

9 Hilberg 1999, S. 409f.

10 Hoppe 2023.

11 Thiel, Th.: Das Märchen von der Nazi-Bande, in: FAZ vom 14.2.2024.

12 Stargardt 2015, S. 332.

13 Gutsch, J.-M.: Opa Hans, in: Der Spiegel Nr. 20: 2015, S. 53–58.

14 Less, A.W. (Hrsg.): Der Staat Israel gegen Adolf Eichmann, Beltz Athenäum Verlag, Weinheim 1995, 2. Aufl., S. 204.

Parteifunktionären, Kommissaren, »Zigeunern«,[15] Geisteskranken und einigen weiteren »unerwünschten« Kategorien.[16] Anweisungen vom 2. Juli 1941 stellten klar: »Zu exekutieren sind alle Funktionäre der Komintern wie überhaupt die kommunistischen Berufspolitiker schlechthin, die höheren, mittleren und radikalen unteren Funktionäre der Partei, der Zentralkomitees, der Gau- und Gebietskomitees, Volkskommissare, Juden in Partei- und Staatsstellungen, sonstige radikalen Elemente, Saboteure, Propagandeure, Heckenschützen, Attentäter, Hetzer usw.«[17] Die Einsatzgruppen waren keine »militärischen« Einheiten, sondern polizeiliche: dennoch war ihnen erlaubt zu töten. Sie töteten nicht nur Männer, sondern auch Frauen und Kinder, um keine »Rächer« am Leben zu lassen.

Es gab regelmäßige Einsatzführer-Kommandobesprechungen mit Heinrich Himmler.[18] In seiner berühmten Posener-Rede am 4. Oktober 1943, die (aus welchen Gründen auch immer) mitgeschnitten wurde, sagte Himmler, dass es »ein niemals zu benennendes Ruhmesblatt« sei, wenn die Männer trotz der tausendfachen Tötungen »anständig« geblieben seien.

Es gab außerdem regelmäßige Berichte der Einsatzgruppen an die Berliner Zentrale. Sie erreichten täglich einen großen Leserkreis.[19]»Jeder General im Osten wusste von der illegalen Tätigkeit der Einsatzgruppen«, sagte nach dem Krieg Erich von dem Bach-Zelewski (1899–1972), General der Waffen-SS. Mit »illegaler Tätigkeit« meinte er die Judenvernichtung.[20]

Neben den Einsatzgruppen gab es die Polizeibataillone, die bereits in Polen tätig waren. Sie bestanden wie der Name sagt aus Polizisten, die aber durch Rekruten ergänzt wurden. Am berühmtesten ist das Polizeibataillon 101, weil der US-amerikanische Historiker Christopher Browning ein ganzes Buch über dieses geschrieben hat.[21] Es bestand aus 500 Männern und ermordete in Polen 83.000 Juden.[22] Die Polizeibataillone unterschieden sich

---

15 Kruglov, A.: Verfolgt und vernichtet. Der nationalsozialistische Massenmord an den Roma im Reichskommissariat Ukraine 1941–1943, in: Bulletin des Fritz Bauer Instituts 15: 2023, Ausgabe 24, S. 28–37. Im RKU wurden mindestens 7.000 Roma ermordet. Beteiligt waren die EG C (Ek 5) u. die EG D (Sk 10a, 10b u. Ek 12).

16 Hilberg 1999, S. 299f.; Angrick 2003, S. 149.

17 Longerich 2010, S. 541; Goldhagen 1996, S. 184–186.

18 ARD, »Hitlers Zentrale des Terrors: Die Nazis und der Massenmord«, Deutschland 2023, ausgestrahlt von ARD Alpha am 28.1.2024 (Interview mit Michael Wildt).

19 Longerich 2010, S. 548.

20 Kempner 1987, S. 362.

21 Browning, Chr.: Ganz normale Männer, Rowohlt Taschenbuch Verlag, Hamburg 2020 (erweiterte Neuausgabe).

22 Ebenda, S. 189.

von der Waffen-SS dadurch, dass in jenen Männer Dienst taten, die älter waren im Vergleich zu den oftmals sehr jungen Waffen-SS-Angehörigen. Denn die Polizisten in den Polizeibataillonen waren gestandene Männer, Berufstätige, Familienväter, eben älter. Die Häufigkeit ihrer NSDAP-Mitgliedschaft unterschied sich außerdem nicht vom Gros der deutschen Bevölkerung. Es waren »ganz normale Männer«.[23]

Es gab für ihre Betreuung einen Arzt, den Goldhagen (mit Pseudonym) Dr. Schönfelder nennt. Dr. Schönfelder war zunächst über den Mordbefehl in Józefów im Süden Polens entsetzt; denn Dr. Schönfelder galt als Schöngeist, der bei Kameradschaftsabenden wunderbar Akkordeon spielte. Aber auch er fand sich schnell mit den Gegebenheiten ab. Er klärte die Polizisten, die in Józefów Juden erschießen sollten, über die Anatomie des menschlichen Körpers auf. Er malte mit einem Stock »oder mit einem anderen Gerät« die Umrisse des menschlichen Körpers auf dem Boden auf. Die Männer »standen im Halbkreis um Dr. Schönfelder herum. Dr. Schönfelder zeichnete auf den Fußboden, damit wir es alle sehen konnten, den Umriss eines menschlichen Oberkörpers und bezeichnete am Genick den Punkt, auf den wir schießen sollten«.[24]

Mit dem Überfall auf die Sowjetunion kämpften manche Polizeibataillone weiter. So hieß es: »Die Wehrmacht kämpft bis zum letzten Polizisten.«[25] Andererseits gingen auch Teile der Polizeibataillone auf die Einsatzgruppen über.[26] Das galt besonders für das Polizeibataillon 9, das in Weißrussland sowohl selbst an Judenerschießungen beteiligt war als auch Männer an Einsatzgruppen abgab.[27] Manche Polizisten wurden auch in die Waffen-SS eingegliedert.[28]

Die Einsatzgruppe A, die im Norden agierte, war mit knapp 1.000 Mann die größte. Gruppenarzt der Einsatzgruppe A war Johann (Hanns) Georg Meixner (1906–1999), der früh mit der Mitgliedsnr. 3.429 in die SS eintrat. Er wurde 1933 als Arzt approbiert, 1934 war er im KZ Dachau tätig, 1937 war

---

[23] Goldhagen 1996, S. 225f., 244, 246 u. 248.

[24] Ebenda, S. 259, 317 u. 622.

[25] Brennecke, H.-J.: Er hatte auch eine verbrecherische Seite, in: Wrochem 2016, S. 296–303, hier S. 298.

[26] Goldhagen 1996, S. 188 u. 225f.

[27] Gantz, U.: Die Plastiktüte, in: Wrochem 2016, S. 325–339. Der Autor erzählt die Geschichte seines Vaters.

[28] Von einem solchen Beispiel berichtet eine Tochter über ihren Vater. Bellgardt, A.: »B. ist zu unbekannt, Beurteilung nach Fragebogen«, in: Wrochem 2016, S. 281–295.

er Hilfsarzt am Gesundheitsamt des Kreises Niederbarnim, 1938 wurde er Medizinalrat, 1942 bis 1944 war er Gruppenarzt bei der Einsatzgruppe A.[29]

Kommandeur der Einsatzgruppe A war ab April 1941 der promovierte Jurist Walter Stahlecker (1900–1942). Die Einsatzgruppe wurde durch die Waffen-SS ergänzt: »Wie jede Einsatzgruppe wurde auch die Einsatzgruppe A [...] seit Juli 1941 durch ein Sonderbataillon der Waffen-SS z.b.V. [...] unterstützt«.[30] »Im Juli wurde die 1. Kompanie des Bataillons der Waffen-SS z.b.V. an die Einsatzgruppe A abgegeben und zugweise auf die einzelnen Kommandos verteilt«.[31] Bis Winter 1941 hatte die Einsatzgruppe A 249.420 Juden umgebracht.

Darunter befanden sich Juden aus Frankfurt am Main und aus Berlin. Bei den 234 Frankfurtern handelte es sich um Personal aus jüdischen Einrichtungen; der Transport wurde mit Berlinern aufgefüllt und ging ins Baltikum. Weil das Ghetto in Riga überfüllt war, wurde der Zug nach Estland weitergeleitet. Vermutlich wurde der Transport in Raasiku, 35 km von Tallinn entfernt, geteilt: die Alten, Mütter und Kinder wurden in Busse verladen und zu den Ostsee-Dünen von Kalevi-Liivi gefahren.[32] Dort wurden die Menschen durch das Sonderkommando (Sk) 1a der Einsatzgruppe A unter dem Juristen und SS-Obersturmbannführer Martin Sandberger (geb. 1911) erschossen.[33]

Der promovierte Jurist Dr. Erich Ehrlinger (1910–2004) war mit 31 Jahren Leiter des Sonderkommandos (Sk) 1b der EG A in Litauen, wo er für den Tod von Tausenden von Juden verantwortlich war. Er war seit dem 28. Juni 1941 in Kaunas der 16. Armee der Heeresgruppe Nord zugeteilt. Ehrlinger entging nach dem Krieg mithilfe eines ärztlichen Gutachtens seiner Bestrafung.[34]

---

29 Husen 2023, S. 89; Verz. 1937, S. 207.

30 Dieckmann, Chr.: Deutsche Besatzungspolitik in Litauen 1941–1944, Wallstein Verlag, Göttingen 2011, S. 295.

31 Angrick, A./Klein, P.: Die »Endlösung« in Riga, Wissenschafliche Buchgesellschaft, Darmstadt 2006, S. 55.

32 Hebauf, R.: Gaußstr. 14. Ein »Ghettohaus« in Frankfurt am Main, CoCon Verlag, Hanau 2010, S. 114.

33 Kingreen, M. (aus dem Nachlass, Bearbeiter Volker Eichler): Die Deportation der Juden aus Hessen 1940 bis 1945, Wiesbaden 2023, S. 179 u. 187. Martin Sandberger war seit 1931 Mitglied von NSDAP, SA und NSDStB. Er wurde im Nürnberger Einsatzgruppenprozess zum Tode verurteilt, die Strafe wurde in lebenslange Haft umgewandelt, er wurde 1958 entlassen (Klee 2003, S. 519).

34 In Litauen wird Ehrlinger Kontakt zum Beratenden Gerichtsmediziner der Heeresgruppe Nord, Berthold Mueller (1894–1976), gehabt haben. Ehrlinger wurde 1961 zunächst zu zwölf Jahren Haft verurteilt. In einem Revisionsprozess hielt Mueller ihn für verhandlungsunfähig, so dass Ehrlinger 1965 einem erneuten Strafprozess entging. Er lebte danach noch fast 40 Jahre, worauf »Der Spiegel« Anfang 2024 hinwies. (Thadeusz, F.: Der Massenmörder, der davon kam, in: Der Spiegel Nr. 2: 2024, S. 42f. Siehe ferner Klee 2003, S. 128;

Der Bedarf an Nahrungsmitteln und an Unterkünften für deutsche Soldaten und an Gebäuden für Lazarette deutscher Verwundeter in den besetzten Gebieten führte zur Ermordung der Patienten von Heilanstalten oder von Heimbewohnern, die erschossen oder in Gaswagen erstickt wurden.[35] Die Heime oder Krankenhäuser wurden »freigemacht« für die deutschen Truppen. Auch die Euthanasiemaßnahmen hatten keinen »rassistischen« oder eugenischen Hintergrund. Sie dienten dem Zweck, Häuser für nötige Unterbringungen von deutschen Soldaten und deutschen Verwundeten bereitzustellen. Die Einsatzgruppen töteten in den baltischen Ländern Lettland und Litauen, in Russland, Belarus und in der Ukraine einheimische psychiatrische Patienten und geistig Behinderte.

Im Sommer 1941 benötigte die deutsche Wehrmacht Krankenhäuser für ihre Truppen in Lettland. Aus diesem Grund erschossen Kommandos der SS-Einheiten geisteskranke Personen in Anstalten. Das Einsatzkommando (Ek) 3 der EG A tötete im lettischen Dünaburg Psychiatriepatienten.[36] Die Gesamtzahl der ermordeten lettischen Geisteskranken wurde mit 1.800 oder 2.200 angegeben.[37]

Allein in der Sowjetrepublik Russland ermordeten die Einsatzgruppen in bislang 32 bekannten Orten psychiatrische Patienten und geistig Behinderte wie das Ek 3 im russischen Mogutev.

Auf dem Gebiet der Ukraine wurden während der deutschen Besatzung mindestens 8.500 psychisch kranke Menschen getötet.[38] Die Zahl der jeweils ermordeten Bewohner von Behinderteneinrichtungen, Anstalten und Kin-

---

Dieckmann 2011, S. 292 u. 325.) Der Gutachter Mueller verhalf dem Kriegsverbrecher zu einer Amnestie. Die Verbindung zeigt den engen Kontakt zwischen Beratendem Gerichtsmediziner der Wehrmacht und der Einsatzgruppe. Berthold Mueller, seit 1934 Professor in Göttingen, ab 1941 in Königsberg und 1945 in Breslau, galt in der NS-Zeit als »absolut linientreu«, allerdings mit einer »gewissen Distanz«. Er geriet 1945 in amerikanische Gefangenschaft; er bekam erst 1948 wieder einen Lehrstuhl und zwar in Heidelberg, »die Entnazifizierung brauchte ihre Zeit«. Mueller galt als der bedeutendste Gerichtsmediziner im 2. Drittel des 20. Jahrhunderts (Herber, F.: Gerichtsmedizin unterm Hakenkreuz, Voltmedia, Paderborn 2006, S. 164–166).

[35] Winkler, Chr.: Vergessene Opfer. Die systematische Ermordung psychisch Kranker und behinderter Menschen in den besetzten Gebieten Russlands, in: Fritz Bauer Institut, Jahresbericht 2022, Frankfurt am Main 2023, S. 48f.

[36] Felder, B.: Elektroschocks und »Euthanasie«, in: Osterloh u.a. 2022, S. 268–288, hier: S. 273.

[37] Klee 2018, S. 444.

[38] Weindling 2022, S. 352.

Tab. 7: Einsatzgruppen: Offiziere (Auswahl) und Gruppenärzte (n = 9)

Einsatzgruppe	Offizier/Leiter	Gruppenärzte
Einsatzgruppe A	Walter Stahlecker	Hanns Meixner
Sonderkommando(Sk) 1a	Martin Sandberger	
Sonderkommando 1b	Erich Ehrlinger	
Einsatzkommando(Ek) 2 + 3		
Einsatzgruppe B	Erich Ehrlinger (ab 1943)	Herbert Grohmann
Sonderkommando 7a–c		
Einsatzkommando 8 + 9		
Einsatzgruppe C	Otto Rasch	Max Thomas / Peter Kroeger
Einsatzkommando 4a	Paul Blobel	Erich Weinmann
Einsatzkommando 4b		
Einsatzkommando 5		
Einsatzkommando 6	Erhard Kroeger	
Einsatzgruppe D	Otto Ohlendorf	
Sonderkommando 10a	Heinz Seetzen	Heinrich Görz
Einsatzkommando 10b		
Sonderkommando 11a		
Sonderkommando 11b		Heinrich Schröder/Schnopfhagen
Einsatzkommando 12		
Einsatzgruppe H		Werner Kirchert
Einsatzkommando 13		
Einsatzkommando 14		

Die Begriffe »Sonderkommando« und »Einsatzkommando« werden nicht einheitlich, sondern von verschiedenen Autoren unterschiedlich benutzt. Quelle: Ergänzt nach Hilberg 1999, S. 301

derheimen beträgt zwischen einigen Hundert und einigen Tausend; in Säuglingsheimen und Fürsorgeeinrichtungen starben Tausende von Kindern.[39]

In Ssapogowe bei Kursk tötete das Sk 4a der Einsatzgruppe C Ende September oder Anfang Oktober 1942 außerhalb der Stadt etwa 50 oder 60 Patientinnen der Irrenanstalt.[40] Das Sonderkommando 4b vernichtete in Poltawa in den Jahren 1941 bis 1943 sowohl die Kranken des dortigen psychiatrischen

[39] Tytarenko, D.: »Euthanasie« in der Ukraine während der deutschen Okkupation, in: Osterloh u.a.2022, S. 266.

[40] Klee 2018, S. 446.

Krankenhauses als auch die Insassen der »Irrenanstalt«.[41] Das Ek 5 der EG C erschoss oder vergaste in Kiew geisteskranke Kinder.[42]

Die Einsatzgruppe D im Süden war die kleinste mit 400–500 Mann. Es gab ferner Einsatzgruppen E–H, die auf dem Balkan eingesetzt wurden: Aus den beiden Einsatzkommandos (Ek) 10b und 11a der Einsatzgruppe D wurde im Frühjahr 1943 die neue Einsatzgruppe E gebildet, die in Kroatien tätig wurde.[43] Ab 1944 gab es die Einsatzgruppe F für Ungarn. Eine neu gegründete Einsatzgruppe G für Rumänien kam nicht mehr zum Einsatz, weil Rumänien am 23. August 1944 die Front wechselte und sich mit der Sowjetunion gegen Deutschland verbündete. Die Einsatzgruppe H kämpfte und mordete in der Slowakei, obwohl diese selbst ihre Juden nach Auschwitz deportierte. Die Slowakei war ein Partnerstaat NS-Deutschlands.[44]

Die Tabelle 7 zeichnet die Namen einiger Leiter der Einsatzgruppen auf, soweit sie hier im Text genannt werden. Die bisher bekannten Gruppenärzte (n=9), die der Betreuung der Einsatzgruppen dienten, sind in der Tabelle ebenfalls aufgelistet.

Kontakte von Ärzten der Waffen-SS mit Einsatzgruppen

Es gab nicht nur einen Wechsel von Waffen-SS-Ärzten zu den KZ oder zur Wehrmacht, sondern auch zu den Einsatzgruppen.

Das bekannteste Beispiel für einen Arzt, der von der Waffen-SS zu einer Einsatzgruppe versetzt wurde, ist Peter Kroeger (siehe Kapitel 3 und Tab. 7), weil seine Tochter Barbara Brix die Lebensgeschichte ihres Vaters öffentlich gemacht hat.

Peter Kroeger wurde als Angehöriger der Waffen-SS etwa vier Wochen vor Beginn des Kriegs gegen die Sowjetunion zur Einsatzgruppe C versetzt. Diese Versetzung kam angeblich einer Einberufung gleich, der man sich nicht entziehen konnte. Die Einsatzgruppe lag damals in der Nähe von Torgau.[45] Peter Kroeger war Arzt der Einsatzgruppe C von etwa 20. Mai 1941 bis Januar

---

[41] Tytarenko, D.: Der Mord an den Patienten des psychiatrischen Krankenhauses von Poltawa während der deutschen Besatzung (1941–1943), in: Fritz Bauer Institut, Jahresbericht 2022, Frankfurt am Main 2023, S. 46f.; Aly 2021, S. 103.

[42] Tytarenko 2022, S. 255.

[43] Wikipedia (12.1.2024).

[44] Bergen, D. L.: Holocaust und Besatzungsgeschichte, in: Bajohr/Löw 2015, S. 299–320.

[45] Brix 2016, S. 310.

1943. Er zog im Gefolge des Heers mit der Einsatzgruppe quer durch die Ukraine von Lemberg (heute Lwiw) über Rowno, Shitomir, Winniza bis Kiew. In Lemberg traf Peter Kroeger auf seinen älteren Bruder Erhard Kroeger, der Leiter des Einsatzkommandos 6 der Einsatzgruppe C war.

Bis Anfang Oktober 1941 hatte das Ek 6 noch keine jüdischen Frauen exekutiert. Nachdem Himmler der Einheit am 3. Oktober in Kriwoj Rog einen Besuch abstattete, änderte sich das: Nun erschossen Angehörige des Ek 6 auch jüdische Frauen in Kriwoj Rog, »das am 20. Oktober als judenfrei gemeldet wurde«.[46]

Möglicherweise starben bei diesem Massaker Angehörige des heutigen ukrainischen Präsidenten Selenskyj, der aus Kriwoj Rog stammt. Er wurde 1978 in Kriwoj Rog geboren, und er ist jüdischer Herkunft. Drei Großonkel von Selenskyj, Brüder seines Großvaters, und der Vater des Großvaters kamen im Holocaust um. Selenskyjs Großvater kämpfte im Zweiten Weltkrieg in der Roten Armee gegen die deutsche Wehrmacht.[47]

Peter Kroeger, der Jüngere der Brüder, sagte, dass er niemals zu Exekutionen herangezogen wurde, dass er als von der Waffen-SS abgeordneter Arzt bei der Einsatzgruppe eine Sonderstellung gehabt hätte.

Seine Tochter Barbara Brix erfuhr aber, dass schon in Lemberg die ersten Massaker geschahen und dass ihr Vater hinzubeordert wurde, als 100 Männer erschossen werden sollten; der Arzt war der »Garant« dafür, dass alles geordnet, »clean«, ablief.[48] Peter Kroeger sprach Russisch. Er war auch wohl in Shitomir bei einer Exekution anwesend, was – so seine Tochter in einem Interview 2018[49] – im Protokoll des Nürnberger Einsatzgruppenprozesses dokumentiert sei. Denn in Shitomir kam es seit Anfang August 1941 zu Erschießungen von Juden. Ein Schütze sagte später als Zeuge aus, dass ein »Arzt, (vermutlich) Dr. Kroeger«, anwesend war.[50] Das Sonderkommando 4a der Einsatzgruppe C erschoss in der Umgebung von Shitomir in größerem Umfang auch Frauen und Kinder.[51] Barbara Brix fragte sich, ob wohl ihr Vater auch geschossen habe. »Aber«, so sagte sie im Interview im Fernsehen, »das spielte nun eigentlich auch schon keine Rolle mehr [...]«.

---

46 Longerich 2010, S. 531f.
47 Wikipedia (2.2.2024).
48 ARD, »Hitlers Zentrale des Terrors ...«, a.a.O., darin Interview mit Barbara Brix.
49 3SAT, »Nachlass«, Dokumentarfilm Deutschland 2018, Ausstrahlung am 13.5.2024.
50 Boll, B./Safrian, H.: Auf dem Weg nach Stalingrad, in: Heer/Naumann 1997, S. 260–296.
51 Longerich 2010, S. 918.

Einigkeit herrschte zwischen der Heeresgruppe Süd und der Einsatzgruppe darüber, dass bei der bevorstehenden Einnahme von Kiew »sämtliche Einsatzkommandos [der Einsatzgruppe C] [...] sich möglichst in der Nähe der kämpfenden Truppen bewegen«.[52] Kiew wurde am 19. September 1941 von der 6. Armee eingenommen.[53] Die Einsatzgruppe C mit dem Sonderkommando 4a erreichte Kiew ebenfalls am 19. September 1941.[54] Leiter des Sk 4a war Paul Blobel (1894–1951).

Die jüdische Bevölkerung Kiews wurde zu der vier Kilometer vor der Stadt gelegenen Schlucht Babyn Jar gebracht. Das Sonderkommando 4a (120 Mann) erschoss zusammen mit den Polizeibataillonen 45, 303 und 314, mit dem Polizeireservebataillon 9 sowie mit dem Stab der Einsatzgruppe C [55] am 29./30. September 1941 in der Schlucht von Babyn Jar 33.771 Juden. Mit dabei war auch das Waffen-SS-Bataillon z.b.V.; aber der Chef der 3. Kompanie des Bataillons der Waffen-SS z.b.V. lehnte es ab, seine Einheit an der Erschießung teilnehmen zu lassen. Er wurde daraufhin mit seiner Kompanie der SS-Division »Wiking« zum Fronteinsatz zugewiesen.[56] Die 6. Armee der Wehrmacht war aber bei dem Massaker unterstützend beteiligt. Wehrmacht und SS arbeiteten »personell und logistisch« zusammen. Nach Aussagen von Blobel wurde der Massenmord in täglichen Besprechungen mit der Wehrmacht vorbereitet.[57] Der Kriegsfotograf der 6. Armee kam rechtzeitig dazu, um Fotos von der Schlucht zu machen. Den Farbfilm schickte er seiner Frau.[58]

In einem Dokument über das Sk 4a ist Peter Kroeger als »Ärztliche Betreuung« ausgewiesen.[59] Er verneinte später, während des Massakers in Kiew

---

52 Heer/Streit 2020, S. 227.

53 Wikipedia (14.12.2023).

54 Hilberg 1999, S. 306.

55 Boll/Safrian 1997, S. 279; Hoppe 2023, S. 12.

56 Artzt 1987, S. 107.

57 Ebenda, S. 140.

58 Stargardt 2015, S. 226.

59 Brix 2016, S. 314; Littell, J.: Die Wohlgesinnten, Berlin Verlag, Berlin 2008, S. 55–60. Jonathan Littell (geb. 1967), amerikanisch-französischer Schriftsteller jüdischer Herkunft, beschreibt in seinem *Roman* einen Arzt namens Sperath, »den Arzt des Sonderkommandos«, der sicherlich ein Abbild Kroegers ist. Jener Sperath gibt dem Kommandoführer Paul Blobel, allerdings zeitlich noch vor dem Massaker in Kiew, eine Beruhigungsspritze, weil Blobel angeblich an einer Frühform des »Typhus« (richtig wohl: des Fleckfiebers) leidet. Littell erklärt den aggressiven Charakter Blobels mit einer Fleckfiebererkrankung, die üblicherweise zu psychiatrischen Symptomen führt. Dem Übersetzer aus dem französisch geschriebenen Roman unterläuft der übliche Übersetzungsfehler vom Französischen ins Deutsche, indem das Fleckfieber, das im Französischen »typhus« heißt, mit »Typhus« übersetzt wird. Im Jahr 2012 kam es wegen des Buchs zu einem Eklat, als bekannt wurde, dass Richard Mil-

Vom Massaker in der Schlucht von Babyn Jar gibt es keine Fotos. Aber schon wenige Tage später, zwischen dem 1. und dem 9. Oktober 1941, dokumentierte der Fotograf Johannes Hähle von der 637. Propagandakompanie die Spuren des Massakers. Offenbar wurde die Schlucht von SS-Leuten bewacht, um Plünderungen der Kleidung zu verhindern.

anwesend gewesen zu sein. Denn er hätte Kiew bereits Ende September wegen eines Urlaubs verlassen. Seine Tochter Barbara Brix meinte aber später, vieles spreche dafür, dass ihr Vater zum Zeitpunkt des Massakers »noch in Kiew« war. Sie sagte in einem Fernsehinterview 2023, dass ihr Vater bei einer ersten Vernehmung gefragt worden sei, ob er in Kiew zur Zeit des Massakers anwesend war. Er antwortete, dass er nicht an dem Massaker beteiligt war. Das habe sie geglaubt, sagte die Tochter. Aber dann habe sie von der Aussage eines Kommandanten gehört oder gelesen, »dass der Arzt sehr wohl hinzugezogen wurde«.[60]

Bei den Erschießungen war »kaum jemals ein Arzt anwesend«,[61] meinte allerdings Robert Kempner, der Nürnberger Ankläger. Es sei Aufgabe des Zugführers gewesen zu überprüfen, ob die Opfer tot waren. Es kann nicht

let, der Lektor von Gallimard, wo der Roman erschienen war, der sogar als Ghostwriter von Littell vermutet wurde, ein Sympathisant des norwegischen »rechten« Attentäters Anders Breivik war (Altwegg, J.: Lob für Breivik von Littells Lektor, in: FAZ vom 30.8.2012).

60 ARD, »Hitlers Zentrale des Terrors ...«, a.a.O., Interview mit Barbara Brix.

61 Kempner 1987, S. 47.

ausgeschlossen werden, dass Opfer lebendig begraben wurden, wenn die Erschossenen mit Erde bedeckt wurden.

Barbara Brix erfuhr erst sehr spät, als sie schon erwachsen war, von der Tätigkeit ihres Vaters im Krieg. Sie sagte in einem Fernsehinterview im Jahr 2023, dass sie mit ihrem Vater im Auto saß, als dieser ihr von seiner Vergangenheit berichtete. Sie sagte, sie habe zuvor schon immer vermutet: »Da war etwas! Etwas, das mehr war als das, was ein Wehrmachtsarzt in einem Lazarett tat.« Er sagte ihr als Erklärung für sein Tun, dass er dachte: »Wo gehobelt werde, fallen Späne.« Sie fragte ihren Vater, ob er sich schuldig fühle. Er habe seine »Schuldgefühle« eingestanden, sagte sie, »aber auf eine sehr verschwommene Art […]« Sie ergänzte: Wie hätte er aber mit seiner Schuld ansonsten auch weiterleben können? Mit dieser Schuld hätte er ja gar nicht weiterleben können.

Bei dem Massaker in Kiew gab es drei Überlebende. Ljudmyla Tkatsch, damals fünf Jahre alt, und ihre Mutter sprangen zu den Toten in die Schlucht, bevor sie selbst erschossen werden konnten. In der Nacht flohen sie und überlebten, von Kiewer Mitbürgern versteckt.[62] Dina Pronicheva, geborene Vasserman (1911–1977), sprang auch in die Schlucht, bevor die Kugeln sie treffen konnten. Sie stellte sich tot, wartete die Nacht ab, wühlte sich dann aus der Erde heraus und überlebte, weil sie blond und blauäugig war. Sie wurde am 29. April 1968 als Zeugin in dem Darmstädter Prozess gegen das Sk 4a angehört.[63]

Die geschätzte Zahl der bei Babyn Jar *insgesamt* getöteten und verscharrten Opfer soll bei etwa 65.000 liegen.[64]

Ein anderes Beispiel für einen Arzt bei der Waffen-SS, der zu einer Einsatzgruppe wechselte, ist Werner Kirchert. Er war ab Oktober 1939 Angehöriger der T. Div. Im Februar 1940, als die Division noch in Frankreich war, schied Kirchert aus der T. Div. aus. Was er in den nächsten dreieinhalb Jahren machte, ist nicht klar. Jedenfalls wurde er im August 1944 zur neu gegründeten Einsatzgruppe H versetzt (siehe Tab. 7), die an der Vernichtung der slowakischen Juden beteiligt war. Er war mit der Einsatzgruppe H in Pressburg. Diese Einsatzgruppe agierte bis März 1945 in der Slowakei zur Erledigung der »Endlösung«. Durchgeführt wurden Morde und Deportationen durch die Einsatzkommandos 13 und 14.[65]

---

[62] Gnauck, G.: Ein Versteck unter den Erschossenen, in: FAZ vom 29.9.2021.

[63] Berkhoff, K.C.: Aussage in der Heimat der Täter, in: Osteuropa 71: 2021, H. 1–2, S. 41–57.

[64] Hoppe, B.: Babyn Jar. Massenmord am Stadtrand, in: ebenda, S. 5–22.

[65] Wikipedia (28.11.2023).

Es gab auch einen umgekehrten Wechsel – von einer Einsatzgruppe zur Waffen-SS. Diesen umgekehrten Weg nahm Herbert Grohmann. Grohmann war seit Juni 1943 Gruppenarzt bei der Einsatzgruppe B. Der Leiter der EG delegierte oft die Führungsaufgaben der Einsatzgruppe auf Grohmann. Dieser bekam das Eiserne Kreuz Zweiter Klasse. Grohmann wechselte im August 1944 als Divisionsarzt zur 30. SS-Waffengrenadierdivision.

Im Dezember 1941 wurde ein Bericht der Einsatzgruppe A ans Oberkommando der 18. Armee geschickt: Demnach forderte Dr. Ludwig Blies (1892–1963), Truppenarzt der 2. motorisierten SS-Infanterie-Brigade, ein sofortiges Eingreifen in einem sogenannten Invalidenhaus in Makarjewo (in Nordwest-Russland). Die dortigen Insassen, rund 230 bis 240 weibliche Geisteskranke, Syphilitiker, Epileptiker usw., stellten seiner Ansicht nach einen ausgesprochenen Gefahrenherd dar. Denn die Gefahr bestünde, dass die Insassen Menschen anfielen oder dass sie Krankheiten wie etwa das Fleckfieber auf die Umwelt übertrügen. Zudem handle es sich bei diesen Personen »auch im Sinne deutscher Auffassung« um »Objekte nicht mehr lebenswerten Lebens«. Die von dem Waffen-SS-Arzt vorgeschlagene erforderliche Maßnahme wurde von einem Kommando der Einsatzgruppe A durchgeführt. Am 3. Januar 1942 wurde Vollzug gemeldet. »Die Angelegenheit ist bereinigt.«[66]

Ludwig Blies gehörte zu den Ärzten, die sowohl KZ-Lagerärzte als auch SS-Truppenärzte waren. Er war gebürtig aus Bad Schwalbach im Taunus. Von 1938 bis Mai 1940 war Blies, SS-Oberführer, KZ-Arzt in Buchenwald. Eugen Kogon attestierte ihm allerdings, »den Bedürfnissen der Häftlinge nicht [völlig] verständnislos gegenüber gestanden« zu haben. Als die Häftlinge mithilfe einiger Arbeitskommandos illegal einen Operationssaalbau errichteten, billigte Blies dies stillschweigend. Ab 1944 wurde Blies ins SS-Führungshauptamt abkommandiert. Nach 1945 war er Arzt in Offenbach.[67]

Ein Arzt wie Ernst Günther Schenck, der ebenfalls Truppenarzt der Waffen-SS war, der Leibstandarte »Adolf Hitler«, urteilte über die Einsatzgruppe in Taganrog am Asow'schen Meer wie über »Schmuddelkinder«, mit denen man nicht spielt. Das Wort »Einsatzgruppe« kam ihm nicht in die Feder. Er schrieb 1988 (da war er bereits 84 Jahre alt) sogar von »Mördern«, die in Taganrog versuchten, sich den »dortigen Soldaten anzubiedern, aber sie blieben verfemt und ›unehrliches Volk‹. Niemand gab ihnen die Hand.«[68]

---

[66] Klee 2018, S. 447 u. 705; Wikipedia (4.5.2024).

[67] Kogon 1999, S. 161 u. 163; Husen 2023, S. 19; Verz. 1937, S. 577.

[68] Schenck, E.G.: Vom Massenelend der Frauen, Verlag der Heimkehrer, Bonn/Bad Godesberg 1988, S. 34.

Am 17. Oktober 1941 hatten die 17. Armee und die 1. Panzerarmee Taganrog eingenommen.[69] Schenck schrieb von einer »SS-Einheit im Hinterland«, die vorrückte, aber nicht der »Verstärkung der angeschlagenen Truppen an der Front« diente. Schenck, der einen Professorentitel trug, tat so, als wisse er nicht, was die Aufgabe dieser SS-Einheit sei. Diese Einheit habe zwar feldgraue Uniformen getragen, schrieb er, »wie alle Angehörigen der Wehrmacht und der Waffen-SS, aber mit anderen Abzeichen« als »die Unseren«. Abzeichen, die die Angehörigen der Leibstandarte Adolf Hitler auswiesen, waren »schmale Ärmelstreifen am linken Unterarm mit der silbernen Stickerei auf schwarzem Grunde«.[70]

Die Angehörigen der SS-Einheit »hatten irgendwelche Sonderaufgaben – und welche?«, fragte Schenck und wunderte sich. Und er fuhr in seinem Bericht mit der Antwort fort: »Das zeigte sich sehr bald, als an Bäumen und Häusern in russischer Sprache Anschläge erschienen, in welchen die jüdischen Bürger Taganrogs aufgefordert wurden, sich an dem und dem Tag, zu der und der Stunde bei einer Sammelstelle einzufinden. [...] Dort warteten Lastkraftwagen auf sie, auf welche sie stiegen.«[71]

Demnach musste sich die jüdische Bevölkerung von Taganrog – das waren 1.800 Menschen – am 26. Oktober 1941 in einer Schule versammeln. Die Menschen wurden unter Bewachung durch das Sk 10a zu einer Balka außerhalb der Stadt, zu einer Schlucht mit steilen Hängen, verschleppt. Der gesamte Komplex der Balka wurde durch die »Leibstandarte« abgesperrt. Die jüdische Bevölkerung wurde erschossen.

Schenck schrieb nach dem Krieg, dass die »Leibstandarte« nichts mit der Einsatzgruppe zu tun gehabt hätte, was nicht stimmte. Denn die »Leibstandarte« unterstützte das Sk 10a nach Kräften. Schenck behauptete, dass die Waffen-SS und die Einsatzgruppe keinerlei Berührung miteinander gehabt hätten. »Die aktive Truppe wollte nichts mit ihr zu tun haben.« Dass dem auch nicht so war, hat inzwischen Andrej Angrick dargelegt. Denn *alle* deutschen Männer – einschließlich der Wehrmachtssoldaten, der Waffen-SS-Soldaten und der Einsatzgruppenmitglieder – gingen nach dem Massaker zur Zerstreuung gemeinsam in Taganrog ins Kino und sahen den Film »Herz geht vor Anker«. Danach wartete das Sk 10a auf weitere Befehle.[72] Die kamen schon einen Tag später. Gruppenarzt des Sk 10a war Heinrich Görz (siehe unten).

---

69 Stargardt 2015, S. 238.
70 Schenck 1995, S. 184.
71 Ders. 1988, S. 33f.
72 Angrick 2003, S. 315–317.

Ernst Günther Schenck wusste sehr wohl, dass auch seine Waffen-SS an Kriegsverbrechen beteiligt war. Er war bei Kriegsende in Berlin und versuchte (allerdings vergebens), nicht in die Fänge der Alliierten zu geraten. »Angehörige der Waffen-SS gehören immer zu den dicken Fischen in der Reuse«, schrieb er. »Nach uns wird man auf jeden Fall greifen, selbst wenn viele hunderttausend andere ins Wasser zurück geworfen werden. Zwischen Amerikanern und Russen kann man kaum Unterschiede erkennen; sie hassen uns beide in gleicher Weise, und wenn die Jagd anhebt, dann werden sie sich allenfalls in der Art des Erlegens unterscheiden.«[73]

Die Camouflage von Schenck, der sich als Opfer stilisierte, immerhin war er bis 1955 in sowjetischer Gefangenschaft, kam in der Bundesrepublik aber ganz gut an. Guido Knopp holte Schenck als Zeitzeugen ins Fernsehen und ließ den zahnlosen Greis irgendwas sagen. Bernd Eichinger machte aus ihm im Film »Der Untergang« einen aufopferungsvollen Arzt, der sich rührend um die Verwundeten kümmerte. Wahrscheinlich ist Ernst Günther Schenck der einzige Arzt der Waffen-SS, der sich nach dem Krieg schriftstellerisch äußerte. Seine Bücher sind ungezählt. Er hatte geradezu ein redseliges Bedürfnis, seine Unschuld darzustellen. Eigene Schuld anerkannte er, der 94 Jahre alt wurde, nicht.

Ärzte der Einsatzgruppen

Es sind insgesamt neun Ärzte namentlich bekannt, die bei den Einsatzgruppen Dienst taten (siehe Tabelle 7). Drei davon waren allerdings auch bei der Waffen-SS tätig. Von den anderen sechs Ärzten ist nur bekannt, dass sie bei den Einsatzgruppen waren. Es gab also Ärzte, die nur bei den Einsatzgruppen ihren Dienst verrichteten, nicht aber – soweit bekannt - bei einer anderen militärischen oder militärähnlichen Formation. Es gab Ärzte, die agierten *nur* bei den Einsatzgruppen und nicht zusätzlich bei der Waffen-SS.

Das traf auf den Psychiater Max Thomas (1891–1945) zu. Er wurde in Düsseldorf geboren. Er studierte Medizin, eine Zeit lang vielleicht sogar in Frankreich, wurde promoviert und 1922 approbiert.[74] »Er war ein Lebemann, der sich auskannte bei Nachtlokalen und berühmten Konzertsälen.«[75] Er wurde

[73] Schenck 1995, S. 17.
[74] Verz. 1937, S. 348.
[75] Littell 2008, S. 79–87.

Facharzt für Psychiatrie. Am 1. Mai 1933 trat er der NSDAP bei, im Juli 1933 der SS. Er war SS-Brigadeführer und Generalmajor der Polizei. Er habe 1934 seine Arztpraxis aufgegeben, um sich ganz in den Dienst des SD zu stellen – schreibt Jonathan Littell, in dessen *Roman*, an dem er fünf Jahre lang arbeitete, die Fakten in der Regel gut recherchiert sind. Thomas' »Uniform war genauso elegant geschneidert wie früher seine Anzüge.«

Nach dem Westfeldzug wurde Max Thomas 1940 Chef der Sicherheitspolizei und des SD für Belgien und Frankreich.[76]

Thomas wurde im Oktober 1941 Leiter der Einsatzgruppe C. Das Massaker von Babyn Jar war Ende September 1941 vorbei. Max Thomas muss schon während des Massakers in Kiew anwesend gewesen sein, denn er unterhielt sich mit Peter Kroeger, dem Arzt des Sonderkommandos 4a, »freimütig und kritisch über die Tätigkeit der Einsatzkommandos«.[77] Es hieß, der bisherige Leiter der Einsatzgruppe C, der Jurist Dr. Otto Rasch,[78] sei während der Aktion zusammengebrochen und habe Kiew grußlos verlassen.

Anfang November 1941 äußerte sich Rasch lobend über die Zusammenarbeit mit der Wehrmacht und insbesondere über die gute Zusammenarbeit mit Generalfeldmarschall von Reichenau, dem Befehlshaber der 6. Armee. Es sei vom ersten Tag an gelungen, sagte Rasch, ein gutes Einvernehmen zu sämtlichen Wehrmachtsteilen herzustellen. Es sei sogar vorgekommen, dass die kämpfenden Wehrmachtstruppen die Einsatzkommandos unterstützten. Er verwies auf die Einnahme von Shitomir, wo unmittelbar hinter den ersten Panzern der Wehrmacht das Einsatzkommando 4a in die Stadt einrückte. Reichenau habe öfter die Arbeit des Einsatzkommandos in »anerkennenswerter Weise« gewürdigt.[79]

Max Thomas ersetzte Rasch an der Spitze der Einsatzgruppe C. Er sollte wohl als Psychiater mit besonderem »Fingerspitzengefühl« auf die psychische Verfassung der Einsatzgruppenmänner achten, schreibt Jonathan Littell. In Lettland, bei der Einsatzgruppe A, soll nämlich ein Untersturmführer nach den massenhaften Erschießungen verrückt geworden sein.

---

[76] Longerich 2010, S. 512f.

[77] Brix 2016, S. 312.

[78] Otto Rasch wurde in dem Nürnberger Einsatzgruppenprozess angeklagt. »Er schied später aus gesundheitlichen Gründen [wegen einer Parkinson-Erkrankung] aus dem Prozess aus und starb im November 1948.« Davies, F.: Babyn Jar vor Gericht, in: Osteuropa 71: 2021, H. 1–2, S. 23–40.

[79] Artzt 1987, S. 137f.

Max Thomas gab den Befehl aus: «Wer nicht die Verpflichtung eingehen konnte, Juden zu töten, sei es aus Gewissensgründen, sei es aus Schwäche, sollte sich beim Gruppenstab melden, wo man ihm andere Aufgaben zuweisen oder ihn sogar nach Deutschland zurück schicken würde.«[80] Thomas habe erklärt, »dass alle, die den Führerbefehl nicht mit ihrem Gewissen vereinbaren könnten, d.h. Leute, die zu weich seien, nach Deutschland zurück gesandt oder mit anderen Aufgaben betreut würden«. Es wurde bezeugt, dass Max Thomas »in Wirklichkeit eine Anzahl von Leuten, einschließlich Kommandeure, ins Reich zurück geschickt habe«.[81]

Es kam zu Konflikten zwischen Max Thomas und Paul Blobel, dem Leiter des Sk 4a, das für die Erschießungen von Babyn Jar verantwortlich war. Blobel verließ das Sk 4a im Januar 1942. Er wurde von dem Arzt Erwin Weinmann (1909–1945?) als Leiter des Sk 4a abgelöst.

Weinmann war der Sohn eines Lehrers, der im Ersten Weltkrieg gefallen war. Er trat bereits 1931 in die NSDAP, in die SA und in den NSDStB ein. 1932 wechselte er zur SS. Er war Assistenzarzt in der Inneren der Tübinger Universitätsklinik.[82] Im Sommer 1942 ging Weinmann nach Prag, ab 1945 war er angeblich in Norwegen, dann verlor sich seine Spur.[83]

Im Juni 1942 befahl Himmler, die Spuren der Einsatzgruppen im Osten zu verwischen. Die Massengräber sollten geöffnet und die Leichen verbrannt werden. Max Thomas stand dem gesamten Projekt kritisch gegenüber. Es herrschte Benzinknappheit. Und für das Verbrennen der Leichen wurde Benzin gebraucht. Außerdem stahlen die Mitglieder der Kommandos Wertgegenstände aus den Gräbern der Leichen.[84] Im August 1943, nach einer Verwundung, wurde Thomas abberufen. Er beging am 6. Dezember 1945 Selbstmord.

Die Einsatzgruppe D begann ihren Vormarsch über Wien und Budapest nach Rumänien.[85] Am 4. Juli 1941 war sie in ihrem Standort Pietra Neamt in den Karpaten. Der Arzt des Sonderkommandos 11b der Einsatzgruppe, Schnopfhagen (über den nichts weiter bekannt ist außer der Tatsache, dass er vermutlich Österreicher war), impfte die Männer gegen Ruhr, die in der Gegend grassierte. In Czernowitz gelang es dem Einsatzkommando 10b der Einsatzgruppe D, die »örtliche jüdische Führungsschicht gefangen zu neh-

80 Littell 2008, S. 191f.; Goldhagen 1996, S. 446.
81 Kempner 1987, S. 77.
82 Verz. 1937, S. 536.
83 Wikipedia (9.1.2024).
84 Hilberg 1999, S. 408.
85 Angrick 2003, S. 139.

men«.[86] Von den etwa 1.200 festgenommenen Juden wurden 682 im Zusammenwirken mit der rumänischen Polizei erschossen – so die Ereignismeldung der Einsatzgruppe D vom 1. August 1941.[87]

Die Einsatzgruppe folgte der Heeresgruppe Süd in Richtung auf die Schwarzmeerküste und der 11. Armee auf die Krim. Wegen der angespannten Ernährungslage drängte die 11. Armee des Feldmarschalls von Manstein auf die »sofortige Lösung der Judenfrage«: die für März 1942 geplante Ermordung der Juden solle vorgezogen werden. Im Dezember 1941 wurden in Simferopol und anderen Orten mehr als 16.000 Juden, 1.500 »Krimtschaken« (Krim-Juden) und 800 Roma erschossen.[88] Am 18. Februar 1942 meldete die Einsatzgruppe, dass in Simferopol inzwischen nahezu 10.000 Juden getötet wurden.[89] Peter Bamm, der als Wehrmachtschirurg auf der Krim war, berichtete von den Massakern (siehe unten).

Von einem Arzt namens Heinrich Schröder vom Stab der Einsatzgruppe D ist überliefert, dass er in Simferopol und Nikolajew »Menschenversuche« gemacht haben soll, über die aber nichts Näheres bekannt ist.[90] Er machte auch Experimente an Juden, in Kooperation mit dem Wehrmachtsarzt Dr. Gottfried Günther. Heinrich Schröder stammte aus Chassawjurt,[91] einer Stadt im Nordkaukasus in Dagestan, zwischen Schwarzem und Kaspischem Meer gelegen. Er konnte mit Sicherheit Russisch, sodass er als Übersetzer nutzbar war. Gottfried Günther, der Wehrmachtsarzt, ließ sich die jüdischen Versuchspersonen über die Einsatzgruppe zuführen. Er operierte unter bewusst erschwerten Verhältnissen, um zu überprüfen, ob Verwundete solche Operationsmethoden unter widrigsten Bedingungen (z.B. Liegen auf dem Betonboden) tolerierten.[92] Dr. Schnopfhagen, Arzt des Sk 11b, lehnte diese Experimente als »unwissenschaftlich« ab und weigerte sich, seinem Wehrmachtskollegen dafür jüdische Patienten zur Verfügung zu stellen.

Heinrich Görz (geb. 1908) stammte aus Uberez bei Stryi in Ostgalizien, etwa 100 km südlich von Lemberg. Er kam von einem Gutshof. Er wurde aber nicht Landwirt, sondern studierte Medizin. Er muss mehrere Sprachen

---

[86] Hoppe 2023, S. 8.
[87] Heer/Streit 2020, S. 229.
[88] Streit 2020, S. 162.
[89] Hilberg 1999, S. 391. Offenbar war das Sk 10b beteiligt, von dem eine Meldung vom 27.3.1942 vorliegt.
[90] Angrick 2003, S. 507f.
[91] Ebenda, S. 416.
[92] Ebenda.

beherrscht haben, denn er ging auf ein polnisches Gymnasium und dann auf ein deutsches, er studierte in Posen, legte aber das Staatsexamen in Deutsch in Breslau ab. Als Medizinalpraktikant arbeitete er in einem evangelischen Diakonissenkrankenhaus in Posen. Er war niemals Mitglied der NSDAP. 1941 wurde Görz als »Volksdeutscher« einberufen. Er wurde im Mai 1941 zur Einsatzgruppe D, zum Sk 10a, kommandiert. Er wurde mehr als Sprach- und Ortskundiger gebraucht denn als Arzt.

Heinrich Görz war ein Intimus des Kommandoleiters Heinz Seetzen, der ein fanatischer Briefmarkensammler war und an jedem Ort, durch den er kam, die Postgebäude nach Briefmarken durchstreifte. Bei dem langen Aufenthalt in Taganrog vom 17. Oktober 1941 bis 30. August 1943 – schreibt Andrej Angrick – lernte Görz, der auch Russisch sprach, russische Ärzte kennen, die auch Briefmarken sammelten.[93] Die brachte er mit Seetzen zusammen zum Fachsimpeln.

Gleich nach der Eroberung von Taganrog am 21. Oktober 1941 erschien eine Gruppe um Heinrich Görz in der psychiatrischen Abteilung der Städtischen Klinik Nr. 5, und Görz sah sich die Krankengeschichten an. Am 27. Oktober (einen Tag nach dem Massaker an den Juden) erschien er wieder, diesmal in Begleitung von Angehörigen des Sk 10a. Die Patienten wurden unmittelbar im Hof des Krankenhauses in Gruppen von je drei Personen erschossen.[94]

Rostow, etwas östlich von Taganrog, wurde von den Deutschen im November 1941 ein erstes Mal besetzt, und die Patienten der Psychiatrie sollten vernichtet werden. Aber die Deutschen mussten Rostow bereits acht Tage später wieder verlassen, weil die Sowjets es zurück eroberten. Es kam aber zu einer erneuten zweiten Besetzung der Stadt durch die Deutschen im Sommer 1942, die nun sieben Monate andauerte. Als Heinrich Görz am 2. August 1942 in der städtischen Psychiatrie ankam, stellte er sich der stellvertretenden Oberärztin Anna Efstafwa als »Psychoneurologe« vor. Er verlangte eine Liste aller Kranken einschließlich der Diagnosen. Er sagte, das Gebäude würde von der deutschen Besatzungsmacht gebraucht. Dann wurden die Patienten in die bereitstehenden Gaswagen gepfercht. Man hörte »Schreie aus dem Gaswagen«. Wohin die Leichen der Opfer gebracht wurden, ist nicht bekannt, vermutlich in eine Schlucht außerhalb der Stadt.[95]

---

93 Ebenda, S. 447.

94 Winkler, Chr.: »Nach deutschem Gesetz gelten Geisteskranke als überflüssiger Ballast für die Gesellschaft.« Die Vernichtung psychisch Kranker und Behinderter in den besetzten Gebieten Sowjetrusslands, in: Osterloh u.a. 2022, S. 307–322, hier: S. 319f.

95 Ebenda, S. 317f.

Das größte Problem war der Treibstoff, der den deutschen Truppen ausging. Hitlers Begehrlichkeit richtete sich deshalb auf die tschetschenischen Ölfelder in Grosny und die Stadt Baku am Kaspischen Meer. Aber als die deutschen Truppen in Grosny ankamen, hatten die Sowjets vor ihrer Flucht nach Osten die Ölfelder in Brand gesteckt.

Am 9. August 1942 eroberte die Heeresgruppe A die ersten Ölfelder in Maykop. Der Treibstoff musste mit Kamelkarawanen herangeschafft werden. Am 12. August wurde Krasnodar, östlich vom Asow'schen Meer und nur knapp 50 km von der nordöstlichen Küste des Schwarzen Meers entfernt, eingenommen. Die Okkupation sollte den Deutschen den Zugang zu den östlichen Schwarzmeerhäfen eröffnen und die Möglichkeit, per Schiff aus Rumänien, von den rumänischen Ölfeldern in Ploisti, Nachschub an Treibstoff herbei zu schaffen.[96]

In Krasnodar wurde eine ehemalige Kaserne der Roten Armee als deutsches Lazarett eingerichtet.[97] Werner Wachsmuth, der Beratende Chirurg der Wehrmacht, war Mitte 1942 in Krasnodar. Im August/September 1942 war auch das Sk 10a der Einsatzgruppe D in Krasnodar angekommen. Es gab dort eine Krankensiedlung Beresanskaja. Am 5. September bestellte der »sprachkundige« Dr. Görz den Chefarzt Dr. Kirew zu sich ein und eröffnete ihm, »dass die Kranken vernichtet werden müssten«. Kirew bat Dr. Görz, »wenigstens die genesenden, bereits arbeitsfähigen Patienten zu verschonen.« Görz stimmte zu und gab Kirew zwei Tage Zeit. Danach wurden 310 bis 320 Kranke in einem Gaswagen ermordet und in einem einige Kilometer entfernt liegenden Panzergraben verscharrt.[98] Bei den Hinrichtungen mit Gaswagen war in der Regel kein Arzt zugegen, um den Tod festzustellen, da »diese Art von Gashinrichtungen absoluten Tod garantierte«.[99]

Im September 1942 ermordete das Sonderkommando 10a 42 epileptische Kinder in einem Gebietskinderkrankenhaus, 65 km von der kaukasischen Stadt Krasnodar entfernt. Die Kinder waren zwischen fünf und 17 Jahren alt. Sie wurden im Gaswagen getötet.[100]

Am 9. und 10. Oktober 1942 waren das Sonderkommando 10a und Heinrich Görz mit dem Gaswagen in Jejsk, einer Stadt am Golf von Taganrog am Asow'schen Meer. Dort gab es ein Kinderheim am Rande der Stadt. Es be-

---

96 Stargardt 2015, S. 381.
97 Ebenda, S. 383.
98 Angrick 2003, S. 647.
99 Kempner 1987, S. 51.
100 Klee 2018, S. 338f.

herbergte insgesamt 260 geistig oder körperlich behinderte Kinder im Alter von drei bis 17 Jahren. »Die Kinder werden gepackt und in den Mordwagen geworfen.« Eins der Mädchen überlebte, weil es sich (wie vier andere) verstecken konnte. 214 Kinder wurden im Gaswagen ermordet. Mehr als 100 waren noch Kleinkinder oder Babys. Ihre Leichen wurden in einem Massengrab verscharrt. Sechs Monate später wurden sie von dem Jejsker Stadt-Sowjet ausgegraben.[101]

»Dabei soll bei der Ermordung von Invaliden erstmals ein von Heinrich Görz entwickeltes Gift verwandt worden sein, mit dem man die Lippen der Opfer bestrich.« Bei einer gerichtlichen Untersuchung wurde die Sache aber nie aufgeklärt. Doch einige Monate später wurde weiter östlich aus Elista in der kalmückischen Steppe (gut 200 km südlich von Stalingrad) von der selben Mordmethode berichtet, und Heinrich Görz war dort im Einsatz.[102]

Später war Heinrich Görz Arzt im Jugendschutzlager Uckermark. Vom Landgericht München wurde Görz 1972 lediglich zu vier Jahren Haft verurteilt.[103]

Ein Teil der Einsatzgruppe D gelangte weiter östlich bis an die Grenze von Georgien. In den Kurort Teberda in den Kaukasus wurden Kinder mit einer Knochentuberkulose evakuiert. Zwischen Mitte August 1942 und Mitte Januar 1943 verloren dort 500 Kinder ihr Leben. Das Einsatzkommando 12 ermordete am 22. Dezember 1942 in diesem Kinderheim in Teberda 54 jüdische tuberkulöse Kinder im Gaswagen.[104]

Bei der Einsatzgruppe D kam im September 1941 die erste Generation der mobilen Gaswagen zum Einsatz.[105] Otto Ohlendorf, der Kommandeur der EG D, sagte als Angeklagter im Nürnberger Einsatzgruppenprozess, dass die Männer die Gaswagen nicht gern benutzten. Auf die Frage des Amerikaners »Why not?« antwortete Ohlendorf, die Beerdigung der Vergasten sei eine zu »starke Belastung« für die Leute gewesen.

---

[101] Ebenda, S. 338; Husen 2023, S. 46 u. 173; Aly 2021, S. 107f.; Rebrova/Friedman 2022, S. 301–305.

[102] Angrick 2003, S. 516.

[103] Klee 2018, S. 338 u. 677; Winkler 2022, S. 322.

[104] Tytarenko 2022, S. 245–267; Rebrova/Friedman 2022, S. 289–306; Angrick 2003, S. 140.

[105] Ebenda, S. 506.

Wehrmachtsärzte und Einsatzgruppen

Wie es Werner Wachsmuth gelang, in Krasnodar *nicht* von dem Sonderkommando 10a Kenntnis zu erhalten, ist nicht überliefert. Er berichtete jedenfalls davon nichts in seinem Nachkriegsbuch.

Wenn Wehrmachtsärzte nach dem Krieg über ihre Erfahrungen und Erlebnisse schrieben, tauchte in den Büchern nie das Wort »Einsatzgruppen« auf. Es gab Abstufungen des »Unsagbaren«. Wehrmachtsärzte vermieden auch das Wort »Waffen-SS«, *alle* (auch die Waffen-SS-Ärzte) vermieden in jedem Fall das Wort »Einsatzgruppen«. Sie flohen in die Ignoranz. Schließlich wollten sie auf keinen Fall mit dem Unsagbaren in Verbindung gebracht werden. 50 Jahre lang, bis 1995, herrschte in der Bundesrepublik die Ansicht von der »sauberen« Wehrmacht vor. Erst die Wehrmachtsausstellung bewirkte – zunächst mit vielen Konvulsionen[106] – ein Umdenken.

Der Beratende Chirurg der Wehrmacht Hans Killian vermied wie dargestellt das Wort »Waffen-SS« in seiner Nachkriegsautobiografie, von *Einsatzgruppen* war aber schon gar nicht die Rede. Die nannte er die »Hyänen«. Das war die SS, die Partisanen erschoss: »Plötzlich stoßen wir auf die Hyänen der rückwärtigen Gebiete. Ein mit Maschinengewehren bewaffnetes *Sonderkommando* hat ein Dorf umstellt.« Es hieß, so Killian weiter in seiner Autobiografie, das seien Partisanen. »Da waren SS-Männer in Regenmänteln«, die auf Killians Frage, was los sei, antworteten: »Partisanenschweine. Werden umgelegt.«[107]

Ein Medizinprofessor wie Ferdinand Hoff (1899–1988), der während des Zweiten Weltkriegs auch in der Sowjetunion war, sah nichts und hörte wenig. Er war Beratender Internist der Heeresgruppe Mitte und wurde kurz nach seinem Aufenthalt im belarussischen Teil der UdSSR Ordinarius für Innere Medizin in Graz. Nach dem Krieg kam er als Professor nach Frankfurt am Main an die Goethe-Universität.

Heute ist er auf zwei Fotos zu sehen in einer kleinen Fotogalerie, die neben der Cafeteria im Hauptgebäude des Frankfurter Universitätsklinikums einige Bilder aus der Geschichte des Frankfurter Universitätsklinikums zeigt. Kritisches wird nicht erwähnt. Die Fotos sind untertitelt: »Studierendenunterricht um 1960 durch den Internisten Prof. Dr. med. Ferdinand Hoff«.

---

[106] Heer, H.: Der Vernichtungskrieg gegen die Sowjetunion: Massenmord nach Plan, in: Heer/Streit 2020, S. 18–66, hier: S. 32–38.

[107] Killian 1964, S. 78.

Auf einem Foto erklärt Hoff etwas an einem Röntgenbild, auf dem anderen hört er die Lungen eines Patienten mit dem Stethoskop ab.

Ferdinand Hoff besuchte als Beratender Internist der Wehrmacht viele Lazarette. Er war wie der oben genannte Beratende Chirurg Werner Wachsmuth für das Gebiet von Weißrussland zuständig, für das heutige Belarus, für das damalige »Generalkommissariat Ostland«. Er fuhr im Auto viele Hunderte Kilometer: von der Düna im Norden bis nach Wiasma in die Nähe Moskaus, er fuhr nach Minsk, Smolensk und südlich bis Gomel.[108] Wenn die Strecken zu groß wurden, stand ihm eine zweimotorige Kampfmaschine mit Flugzeugführer zur Verfügung. Aber er sah nichts.

Er fuhr auch nach Minsk. An anderer Stelle kann man lesen: 80% der Stadt waren von den »Hitler'schen Sprengkommandos« dem Erdboden gleichgemacht worden. Keine Schule stand mehr, keine Fabrik, keine Kirche auf dem »trümmerübersäten« Platz. 1926 gab es in Minsk 44% Juden, 41 %Belarussen, der Rest waren Russen, Polen, Ukrainer, Tartaren und Litauer. Am Bahnhof stand der Stationsname auch in hebräischen Lettern. Diese entfielen beim Wiederaufbau nach dem Krieg, denn es gab niemand mehr, der Hebräisch lesen konnte. Es gab keine Juden mehr in Minsk, als Minsk am 3. Juli 1944 von der Roten Armee zurück erobert wurde.[109]

In Minsk lebten beim Einmarsch der Deutschen am 28. Juni 1941 85.000 Juden. Am 19. Juli 1941 wurde das Minsker Ghetto in einem zwei Quadratkilometer großen Viertel im Westen der Stadt eingezäunt. Das Ghetto bestand aus kleinen Holzhäusern und zweistöckigen Steinhäusern. Im Ghetto befanden sich Ende Juli 1941 50.000 bis 60.000 Juden, bei maximaler Belegung lebten im Ghetto 100.000. Ferdinand Hoff war ab etwa August 1941 in Minsk. Über das Minsker Ghetto schrieb er nichts.

Über 2.000 Juden wurden im September 1941 im Ghetto von dem Einsatzkommando 8 der Einsatzgruppe B erschossen. Vom 7. bis 11. November 1941 wurden erst 6.624 Juden, dann über 5.000 weitere belarussische Juden durch das Einsatzkommando 8 ermordet. Denn das Ghetto sollte freigemacht werden für »reichsdeutsche« Juden,[110] die ab November 1941 in Zü-

---

[108] Hoff, F.: Erlebnis und Besinnung, Verlag Ullstein, Frankfurt am Main/Berlin (West) 1971, S. 370.

[109] Grünberg, K.: Von der Taiga bis zum Kaukasus, Mitteldeutscher Verlag, Halle/Saale 1970, S. 137–144.

[110] Kingreen, M.: Die Großmarkthalle und die gewaltsame Verschleppung der jüdischen Bevölkerung Frankfurts …, in: Gross, R./ Semmelroth, F. (Hrsg.), Erinnerungsstätten an der Frankfurter Großmarkthalle, Prestel Verlag, München u.a. 2016, S. 153–190.

gen aus Hamburg, Düsseldorf, Frankfurt am Main, Berlin und Bremen und auch aus Brünn und Wien eintrafen.

Am 11. November 1941 kam ein Deportationszug aus Hamburg an; ein Überlebender aus Hamburg berichtete später von den permanenten Erschießungen im Ghetto.[111] Ein überlebender ukrainischer Ghetto-Bewohner berichtete auch. Er sagte: »Einmal wurde es im Ghetto plötzlich still wie vor einem Pogrom. Autos [...] viele Autos [...] Aus den Autos stiegen Kinder in guten Anzügen und Schuhen, Frauen mit weißen Schürzen, Männer mit teuren Koffern [...] Noch am selben Tag erfuhren wir, dass dies Juden aus Europa waren. Sie hießen bald ›Hamburger‹ Juden, denn die meisten von ihnen kamen aus Hamburg. Sie waren diszipliniert und gehorsam. Sie trickssten nicht, betrogen die Wachen nicht, verkrochen sich nicht in Geheimverstecken [...] sie waren zum Untergang verurteilt. Sie wurden alle erschossen. Zehntausende ›Hamburger‹ Juden [...]«[112] Ab 1942 wurden Gaswagen eingesetzt. Aus einem Frankfurter Transport mit rund 1.000 Menschen überlebten nur neun Männer.

Nowinki war ein Krankenhaus für geistig Behinderte, sechs Kilometer nordwestlich von Minsk. Im September 1941 wurden 120 Insassen der Minsker Nervenheilanstalt Nowinki durch ein deutsches Polizeikommando in »erfolgreich durchgeführten Vergasungstests« getötet. Insgesamt wurden in der Anstalt Nowinki 632 Geisteskranke »sonderbehandelt«.[113] Die Minsker Psychiater waren meist jüdischer Herkunft.[114] Eine Mitarbeiterin von dort, die Minsker Untergrundkämpferin Natalja Nikolajewna, berichtete später:[115]

»Unser Heim wurde einer SS-Gruppe unterstellt. Ihr Chef war ein gewisser Werner [...] Während des Rundgangs kommt eine Kranke auf uns zugelaufen und bittet um eine Zigarette. Er wollte sie abwimmeln, da warf sie sich ihm an den Hals, begann, ihn zu küssen. Und er, in seiner arischen Ehre gekränkt, zieht die Pistole – und die Kranke hängt noch an seinem Hals – und schießt ihr ins Genick. [...] Bald kamen Gaswagen. Die Kranken wurden hineingepfercht und weggeschafft. Die ganz Schwachen trugen sie ins Bade-

---

[111] Rosenberg, H.: Jahre des Schreckens ... und ich blieb übrig, dass ich Dir's ansage (Auszug), Steidl Verlag, Göttingen o.J.

[112] Alexijewitsch, S.: Secondhand-Zeit, Suhrkamp, Berlin 2015, S. 228.

[113] Heer, H.: Wehrmacht und Holocaust: Die Anfangsverbrechen Juni/Juli 1941, in: Heer/Streit 2020, S. 67–140, hier S. 87; Longerich 2010, S. 553 u. 566; Klee 2018, S. 310f.

[114] Ackermann, F.: Die verheimlichten Massenmorde von Minsk, in: FAZ vom 14.1.2017.

[115] Alexijewitsch, S.: Der Krieg hat kein weibliches Gesicht, Verlag am Galgenberg, Hamburg 1989, S. 44.

haus. Dann wurden die Türen fest verschlossen, sie steckten das Rohr solch eines Gaswagens durchs Fenster und erstickten sie [...]«.

Im November 1941 wurde in dem nahe Minsk gelegenen Gut Maly Trostinez eine Vernichtungsstätte im Wald von Blagowschtschina errichtet, in der 206.500 Menschen erschossen oder vergast wurden. Es war die größte NS-Mordstätte in der besetzten Sowjetunion. Zur Einweihung einer Gedenkstätte reiste Bundespräsident Steinmeier im Juni 2018 dorthin.[116] Im kalten und frostigen Winter 1941/42 wurde das Morden zwar eingestellt, ging aber im Frühjahr 1942 weiter.[117] In der ersten Hälfte 1942 starben dort 12.000 Minsker Juden. Ab dem 11. Mai 1942 führten die Transporte mit jüdischen Deportierten aus den westlichen Ländern nicht mehr ins Ghetto Minsk, sondern direkt nach Maly Trostinez. Ein überlebender Ukrainer berichtete später von den Erschießungen:[118]

»Ich erinnere mich an ein großes Feld am Waldrand [...] Die kräftigsten Männer wurden ausgewählt und mussten zwei Gruben ausheben. Tiefe Gruben. Und wir standen einfach da und warteten. Zuerst warfen sie die kleinen Kinder in die eine Grube [...] und schaufelten sie zu [...] Die Eltern weinten nicht und flehten nicht. Es war ganz still. Sie werden fragen – warum? Ich habe darüber nachgedacht [...] Wenn ein Mensch von einem Wolf angefallen wird, fleht er auch nicht und bittet, ihn am Leben zu lassen. Oder von einem wilden Eber [...] Die Deutschen schaufelten die Grube zu und lachten, warfen Bonbons hinein. Die Polizisten waren stockbetrunken [...] Nachdem sie die Kinder eingegraben hatten [...] , befahlen sie den anderen, in die zweite Grube zu springen [...] Das ist alles, woran ich mich erinnere [...] Ich kam zu mir, als jemand mit etwas Scharfem heftig gegen mein Bein stieß. Vor Schmerz schrie ich auf. Ich hörte jemand flüstern: ›Hier lebt noch einer‹. Männer wühlten mit Spaten in der Grube und zogen den Toten die Stiefel aus. Die Männer gaben mir ein Stück Brot. ›Lauf weg, Judenbengel! Vielleicht kannst du dich retten.‹«

Nicht gerettet wurden zwei Kölner Jungen, 13 und 15 Jahre alt. Sie waren Söhne der polnisch stämmigen Familie Dominitz, die Eltern waren nach dem Ersten Weltkrieg aus Polen nach Köln gekommen und hatten die polnische Staatsangehörigkeit. Sie wurden am 28. Oktober 1938 nach Polen ausgewiesen, während die Kinder zunächst in Köln bleiben konnten

---

[116] Dreisbach, S.: Die Greuel in der weißrussischen Erde, in: FAZ vom 10.8.2018; Käppner, J.: Nach 74 Jahren, in: Süddeutsche Zeitung (SZ) vom 30.6.2018.

[117] Kohl 1990, S. 71–100.

[118] Alexijewitsch 2015, S. 228f.

und in ein Waisenhaus kamen. Von dort wurden die beiden Jungen ins Lager Trostinez deportiert und im Wald von Blagowschtschina erschossen.[119] Ihre Schwester Fanny Dominitz, verheiratete Englard, wartete nach dem Zweiten Weltkrieg jahrzehntelang darauf, dass ihre Brüder vielleicht doch irgendwo auftauchten.

Die Heeresgruppe Mitte hatte ihr Hauptquartier im Herbst 1941 nach Borissow (knapp 50 km östlich von Minsk) verlegt. Ferdinand Hoff hielt sich zwei Monate lang, bis Anfang Oktober 1941, in einem Seuchenlazarett in Borissow auf. Die Deutschen hatten Borissow am 2. Juli 1941 eingenommen und am 25. Juli ein Ghetto für 10.000 Juden errichtet. Das Ghetto in Borissow war eins von rund 500 Ghettos, die die Deutschen auf den Gebieten der okkupierten Sowjetunion gegründet hatten. (Allein im Reichskommissariat Ukraine gab es 400.)[120]

Anfang Oktober 1941 wurde damit begonnen, die großen Ghettos von Borissow, Mogilew (etwa 100 km östlich von Minsk), Witebsk, Polozk, Gomel und Bobruisk aufzulösen, indem mehr als 30.000 Juden ermordet wurden. Das bestehende Verbot für Wehrmachtsangehörige, die Ghettos zu betreten, war am 18. Oktober aufgehoben worden.[121]

Am 20./21. Oktober 1941 wurden mehr als 7.000 Insassen des Ghettos in Borissow durch das Einsatzkommando 8 der Einsatzgruppe B erschossen.[122] Ferdinand Hoff hatte zwar mitbekommen, dass die Häuser im Ghetto von Borissow »menschenleer« waren. »Die Einwohner mussten entweder geflohen oder verschleppt worden sein«, meinte er. Weitere Gedanken machte er sich nicht.

Die Ärzte saßen eines Tages im Casino beim Essen, wie Ferdinand Hoff in seiner Autobiografie schrieb, als sie von einem »Mann in Parteiuniform« erfuhren, dass *er* »die Erschießung *aller* Juden von Borissow geleitet« habe. Auf die Frage des entsetzten Chefarztes, wer denn etwas Derartiges, das ja Mord sei, tun könne, antwortete der Mann in Parteiuniform: »Das machen lettische Freiwillige. Diese Letten hassen die Juden, sie tun das aus Überzeugung.« Alle Ärzte – so der Bericht von Hoff – hätten ihre »Abscheu« zum Ausdruck gebracht.

Das Massaker an den Ghetto-Juden von Borissow fand am 20./21. Oktober 1941 statt. Hoff schrieb in seiner Autobiografie, dass er »*Anfang* Ok-

---

119 Englard, F.: Vom Waisenhaus nach Jungfernhof, VSA: Verlag, Hamburg 2009, S. 93.
120 Hoppe 2023, S. 14.
121 Heer 2020 (Wehrmacht und Holocaust), S. 130f.
122 Wikipedia (30.11.2023).

tober« Borissow in Richtung Smolensk verlassen hatte, weil die Beratenden Ärzte zusammen mit der Heeresleitung nach Smolensk übersiedelten. Insofern ist in den Ausführungen von Hoff eine datenmäßige Ungenauigkeit. War er am 20./21. Oktober gar nicht mehr in Borissow? Andererseits sah er das »menschenleere« Ghetto.

In jedem Fall ist auffällig, dass ein Mann, der kurze Zeit später, im Oktober 1941, den Ruf auf das Ordinariat der Inneren Medizin in Graz erhielt, nicht mitkriegte, wenn um ihn herum Abertausende von Menschen ermordet wurden. Eher wahrscheinlich ist, dass Ferdinand Hoff die »Flucht in die Unwissenheit« gelang, die »Flucht in die Ignoranz«.[123] Die verhinderte, dass er in der Nachkriegszeit zumindest moralisch zur Verantwortung gezogen wurde.

Ferdinand Hoff fuhr – so schrieb er – von Smolensk aus noch einmal zurück nach Minsk, um nach den Fleckfieberkranken im Lazarett zu sehen. In der Universitätsklinik hatten die Deutschen ein Kriegslazarett errichtet. Das zerstörte Minsk war leidlich wieder aufgebaut worden, notierte er. Er ging in die Minsker Oper.[124] Man gab Eugen Onegin von Tschaikowsky. Hoff bekam als deutscher Besatzer den besten Platz im ersten Rang, was er in seiner Autobiografie erwähnte. Kurze Zeit später wurde die Oper von der SS als Lagerhaus für die konfiszierten Waren benutzt, die den »reichsdeutschen« Juden abgenommen wurden. Es handelte sich um Tausende von Koffern, Rucksäcken und Handtaschen von etwa 23.000 Juden, die in 23 Transporten nach Minsk deportiert wurden, aber niemals im Ghetto ankamen. »Stattdessen hatte man sie gleich nach der Ankunft vergast oder erschossen.«[125]

Ferdinand Hoff verließ die Sowjetunion Ende Dezember 1941, um Ordinarius in Graz zu werden.

Peter Bamm, ein Wehrmachtschirurg, sah viel und hörte viel. Er war als Kriegschirurg in Lazaretten in Südrussland und auf der Krim stationiert. Er schrieb über die Erschießung der Juden in Nikolajew im August 1941,[126] wo das Sk 11a der Einsatzgruppe D Mordaktionen beging.[127] Es ermordete die Bewohner des Ghettos, etwa 5.000 Männer, Frauen und Kinder.[128]

---

[123] Christ, M./Suderland, M. (Hrsg.): Soziologie und Nationalsozialismus, Suhrkamp, Berlin 2014, S. 371.

[124] Hoff 1971, S. 362–378.

[125] Rosenberg o.J., S. 37f.

[126] Bamm, P.: Die unsichtbare Flagge, Kösel-Verlag, München 2007 [Erstveröffentlichung 1952], S.74.

[127] Angrick 2003, S. 241–247.

[128] Longerich 2010, S. 556.

Es waren, so Peter Bamm, die »Anderen«, die diese Erschießungen als Vergeltungsmaßnahmen erledigten. Peter Bamm schrieb: »In Nikolajew wurden die russischen Bürger, die jüdischen Glaubens waren, von einem Kommando der ›Anderen‹ registriert, zusammengetrieben, ermordet und in einem Panzergraben verscharrt.«

Die »Anderen«: das war die Einsatzgruppe, die der Armee nach Südrussland und auf die Krim gefolgt war. Peter Bamm, der in Wirklichkeit Curt Emmrich (1897–1975) hieß, benutzte das Wort »Einsatzgruppe« nicht. Auch er dachte sich einen neuen Begriff aus: die »Anderen«. Er sprach nicht von »Hyänen« wie sein Chirurgie-Kollege Killian, sondern von den »Anderen«. Man konnte meinen, es handle sich um »Aliens« vom Mars.

In Sewastopol auf der Krim kam es zu Vergasungen der Juden. Dazu Peter Bamm:

»Die ›Anderen‹ waren nun langsam nachgerückt und hatten auch hier zu morden begonnen. In einem abgeschlossenen Teil des Gefängnisses sammelten sie die Bürger Sewastopols, die jüdischen Glaubens waren, und töteten sie. Sie ließen die zum Tode Bestimmten in ein großes Kastenauto einsteigen. Die Tür wurde geschlossen. Der Motor wurde angelassen. Er brachte irgendeinen Gasmechanismus in Gang. [...] Nach wenigen Minuten eines dumpfen, langsam verebbenden Polterns im Innern des Wagens fuhr der Fahrer los. Er fuhr nur noch Leichen, die draußen vor der Stadt in alten Panzergräben verscharrt wurden. Wir wussten das. Wir taten nichts. Jeder, der wirklich protestiert oder etwas gegen das Mordkommando unternommen hätte, wäre 24 Stunden später verhaftet worden und verschwunden.«[129]

Es gab zwei Ausführungen dieser Gaswagen: den kleinen Diamond- und den großen Saurer-Wagen, in denen 50 bzw. 90 Menschen zusammengepfercht werden konnten. Eine besondere Ausbildung der Fahrer erfolgte in Berlin. Unter dem Vorwand, sie zu einer Arbeitsstelle, zum Duschen oder Entlausen zu fahren, lud man die Menschen in diese Wagen und verriegelte dann die Tür luftdicht. Anfangs gab man sich noch die Mühe, diese Wagen zu tarnen: entsprechend bemalt als Rote-Kreuz-Wagen, kaschiert als Bau- oder als Wohnwagen mit aufgemalten Fenstern und gemalten Geranien davor. Doch später, als man die Massaker ungenierter durchführte, ließ man sie einfach als graue Kastenwagen am helllichten Tag herumfahren.[130]

---

[129] Bamm 2007, S. 152.

[130] Kohl, W.: »Ich wundere mich, dass ich noch lebe«, Gütersloher Verlagshaus Gerd Mohn, Gütersloh 1990, S. 82.

Peter Bamm brachte die Hoffnung vieler seiner Kameraden zum Ausdruck: »Wenn die Armee erst einmal gesiegt habe, werde sie in der Lage sein, den Schändlichkeiten der ›Anderen‹ Einhalt zu gebieten. Diese kleine Illusion war nicht so abwegig, wie sie scheinen mag. Nach dem Frankreichfeldzug waren die ›Anderen‹ von der Bildfläche fast verschwunden. Aber sie lauerten im Hintergrund [...]«.[131]

Doch es war komplizierter. Die Einsatzgruppe D »berichtete regelmäßig [...] dem Armeeoberkommando der 11. Armee«.[132] Es gab außerdem regelmäßige »Ereignismeldungen UdSSR«, fast täglich erstellte Berichte an Berlin, die an einen relativ großen Kreis verbreitet wurden. Die Berichte, die in der Berliner Gestapo-Zentrale in der Prinz-Albrecht-Straße 8 lagerten, konnten bei Kriegsende von den Amerikanern mitgenommen werden. Über die Krim hieß es am 9. Januar 1942 darin:

»Einsatzgruppe D: Standort Simferopol. Arbeitsbereiche Teilkommandos vor allem in kleineren Orten judenfrei gemacht. In der Berichtszeit wurden 3.176 Juden, 85 Partisanen, 12 Plünderer, 122 kommunistische Funktionäre erschossen. Gesamtsumme 79.276. In Simferopol außer Juden auch Krimtschaken- und Zigeunerfrage bereinigt. Bereinigung von diesen Elementen von Bevölkerung allgemein begrüßt.«[133]

Eine weitere Anekdote:

Ich war wieder in Bayern im Urlaub. Es war im März 2004. Ich lernte am Abendbrottisch ein Ehepaar kennen. Herr D. liebte die Sauna. Er sagte, er habe die Sauna in Russland kennengelernt, er war bei der Belagerung Leningrads dabei. »In dem Dorf, in dem sie lagerten, gab es eine Sauna [...]« Seine Ehefrau versuchte, ihn zu stoppen. Aber er: »Man müsse doch berichten, es werde heute so viel Falsches erzählt – wenn man so an die Wehrmachtsausstellung denke [...]« Von Leningrad kam Herr D. über Charkow auf die Krim. Er erzählte, er sei kürzlich mit seiner Frau im Auto von Verden auf die Krim gefahren. Er wollte die Stätten aufsuchen, die er 40 Jahre früher

---

[131] Bamm 2007, S. 76. Hannes Heer wirft Bamm vor, ebenso wie andere die »Legende von der sauberen Wehrmacht« vertreten zu haben. Heer 2020 (Vernichtungskrieg), S. 62. Der Vorwurf ist berechtigt. Die Haltung Bamms ist umso erstaunlicher, als er ein Freund des Schriftstellers Ludwig Renn war, der, obwohl als Arnold Friedrich Vieth von Golßenau adlig geboren, schon in der Weimarer Republik Kommunist wurde. Deshalb wurde Renn nach dem Reichstagsbrand sofort verhaftet, er emigrierte und ging nach dem Zweiten Weltkrieg in die DDR. Renn, L.: Anstöße in meinem Leben, Aufbau-Verlag, Berlin und Weimar 1982, S. 338–341 u. 381.

[132] Gerlach 1997, S. 430.

[133] Dörner, B.: Exekutiert, vernichtet, »judenfrei«, in: FAZ vom 27.1.2015.

schon einmal im Krieg gesehen hätte. Auf der Krim wohnten sie in demselben Hotel, in dem er im Krieg einquartiert war. »Das war ulkig.« Es war im Sommer 1943. Im Frühherbst 1943 hätten sie allen verfügbaren Krimsekt ausgetrunken. Sie seien eigentlich den ganzen Tag über betrunken gewesen, damit der Sekt nicht der herankommenden Roten Armee in die Hände fiel.

Was den schriftlichen Autobiografien der ärztlichen Kriegsveteranen zu entnehmen ist, ist, dass in Wirklichkeit die Kontakte zwischen Wehrmacht einerseits und Waffen-SS oder Einsatzgruppen andererseits unspektakulärer und üblicher und normaler waren, als die meisten Kriegsteilnehmer es darstellten. Insbesondere Andrej Angrick verweist auf die vielfältigen Begegnungen gerade zwischen Wehrmacht und Einsatzgruppen. Vor allen zeigt aber Hannes Heer die vereinbarten Kooperationen und die Zusammenarbeit zwischen Heeresleitung und SS-Einheiten.[134]

Die Wehrmacht unterstrich zwar die Unabhängigkeit der Einsatzgruppen von der Armee, aber die Kommandos waren schließlich den Heereseinheiten zugeteilt,[135] so dass es schon von daher zu Kontakten kommen musste. Sogar der spätere Widerständler Carl-Heinrich von Stülpnagel (1886–1944), General der Infanterie der Wehrmacht, der als »Philosoph« und »Schöngeist« bezeichnet wurde, kooperierte mit der Einsatzgruppe C.[136] Die Einsatzgruppe wurde von der Heeresgruppe »anerkannt und gefördert«.

Fridolf Kudlien schrieb bereits 1989 – sechs Jahre vor der von Hannes Heer kuratierten Wehrmachtsausstellung –, dass Wehrmachtsärzte bei der Ausführung von Verbrechen »mit der SS, insbesondere mit den berüchtigten Einsatzgruppen zusammenarbeiteten«.[137]

Die Einsatzgruppe C half der Wehrmacht, wo sie konnte. Der Chef des Sonderkommandos 4a, Paul Blobel, suchte im August 1941 mit Hilfe der Wehrmacht sowjetische Gefangene aus, die als Juden oder Kommunisten (»Politische Kommissare«) erschossen werden sollten. Der Gerichtsmediziner Gerhart Panning (1900–1944) brauchte Versuchspersonen. Der habilitierte Panning, Oberstabsarzt und Leiter des Instituts für Wehrgerichtliche Medizin der Militärärztlichen Akademie der Wehrmacht (später ab 1943 Ordinarius in Bonn), wollte Schießexperimente machen mit Dum-Dum-Geschossen, die sich im Körper aufsplittern. Er bekam von Blobel mindes-

---

[134] Heer 2020 (Wehrmacht und Holocaust), S.113 u. 122.

[135] Angrick 2003, S. 146f.

[136] Ebenda, S. 136.

[137] Kudlien, F.: Medizin und Nationalsozialismus. Bilanz und Ausblick, in: Deutsches Ärzteblatt 86: 1989, S. A 118–1192 [Sonderdruck].

tens sechs Personen von gefangenen Sowjets, die nach politischen und »rassischen« Gesichtspunkten ausgesucht wurden. Er bekam auch Schützen, denen Panning die Körperteile nannte, auf die sie schießen sollten, wobei er zunächst *nicht* tödliche Schüsse auf Arme, Beine oder Rumpf forderte. Panning gab Anweisungen, wie die Personen zu erschießen waren, liegend, knieend, von hinten, von vorn, in die Brust, in den Bauch, in den Kopf. »Erst der zweite oder dritte Schuss in den Kopf tötete die zuvor schon grauenhaft verstümmelten Opfer.«[138] Die Morde geschahen nahe Shitomir auf einem friedhofähnlichen Gelände in einem kleinen Haus, wohl einer Kapelle, die wie ein Bahnwärterhäuschen aussah.

[138] Streit, Chr.: Das Schicksal der verwundeten sowjetischen Kriegsgefangenen, in: Heer/Naumann 1997, S. 78–91, hier S. 82. Wenn Wehrmachtsärzte Verbrechen begingen, handelte es sich meist um medizinische Versuche an Unfreiwilligen; Herber 2006, S. 276f.

6. Schluss

Die SS wurde im Nürnberger Hauptkriegsverbrecherprozess als verbrecherische Organisation eingestuft. Demnach hatte sich jeder schuldig gemacht, der ihr angehörte. Ehemalige Wehrmachtsangehörige distanzierten sich nachträglich von der Waffen-SS. Literarische Nachkriegsberichte von Wehrmachtsärzten bezeugen dies.

Die Lebensgeschichten von 50 Ärzten der Waffen-SS wurden zur Kenntnis genommen. Meldeten die Ärzte sich freiwillig zur Waffen-SS? Wahrscheinlich ja!

Denn sie waren ideologisch auf die Naziphilosophie vom »Untermenschentum« der Slawen und Juden und vom »Herrenmenschentum« der Deutschen ausgerichtet. Nicht anders ist zu erklären, warum rund ein Drittel der Waffen-SS-Ärzte schon *vor* der Nazizeit der NSDAP bzw. der SA oder SS beitrat.

Wer in der Allgemeinen SS Mitglied war – und das waren rund 10% aller Ärzte –, wurde bei Kriegsbeginn meist zur Waffen-SS eingezogen. Aber nicht immer. Karl Genzken sagte im Nürnberger Ärzteprozess aus, dass die Wehrmacht ein *Vorrecht* hatte, Ärzte einzuziehen. Selbst wenn Mediziner ihren Wehrdienst bei den SS-Verfügungstruppen abgeleistet hatten, was seit einem Erlass Hitlers vom 17. August 1938 möglich war, musste die SS sich bei jedem einzelnen Arzt um die Freistellung durch die Wehrmacht bemühen.[1] Dementsprechend gab es auch Mitglieder der Allgemeinen SS, die in der Wehrmacht dienten.

Josef Mengele war Mitglied der SS, wurde aber zunächst von der Wehrmacht eingezogen und wechselte dann selbst und wunschgemäß und freiwillig zur Waffen-SS. Wilhelm Z. gehörte genauso wie Mengele zu den »weißen Jahrgängen«, die gemäß des Versailler Vertrags keiner Wehrpflicht unterlagen. Sie mussten also erst in der Nazizeit das Schießen lernen. Wilhelm Z. meldete sich dafür zur Wehrmacht. Trotzdem wurde er bei Kriegsbeginn von der Waffen-SS eingezogen; er sagte nach dem Krieg, er hätte darauf keinen Einfluss nehmen können, denn er wäre lieber zur Wehrmacht gegangen.

Es gab einige wenige Ärzte, die später während des Kriegs von der Waffen-SS zur Wehrmacht wechselten. Ob das ihrem Wunsch entsprach oder

[1] Hahn 2008, S. 21.

ob das einem Ärztemangel, den alle Einheiten beklagten, geschuldet war, ist ungewiss.

Eins ist allerdings sicher: niemand musste gegen seinen Willen Dienst als Lagerarzt im KZ machen. Es gab die Möglichkeit, einer Versetzung von der Waffen-SS zum KZ-Dienst zu widersprechen. Wilhelm Z. hatte seiner Tochter einmal erzählt, dass auch an ihn herangetragen wurde, Dienst im KZ zu machen, dass er eine Kommandierung ins KZ als Lagerarzt aber ablehnte.

Erich von dem Bach-Zelewski, General der Waffen-SS und Polizei, sagte bei einem Nachkriegsverhör: »Die Möglichkeit, sich einem Antrag durch ein Gesuch um Versetzung zu entziehen, war gegeben. Es musste zwar im Einzelfall mit einer gewissen Maßregelung gerechnet werden. Eine Lebensgefahr war aber damit keineswegs verbunden.«[2]

So muss also davon ausgegangen werden, dass die Versetzungen von der kämpfenden Waffen-SS zum KZ-Dienst von den Ärzten hingenommen wurden. Der rumänische »volksdeutsche« Arzt Fritz Klein sagte: »In den Streitkräften protestiert man nicht.« Manch einem Arzt war die Versetzung ins KZ aber wohl auch ganz Recht, denn sie garantierte einen Dienst fernab der Geschütze und des Kriegs und vergrößerte die Chance zu überleben. Nur von sehr wenigen Ärzten ist bekannt, dass sie sich aus einem KZ an die Front versetzen ließen, um der KZ-Wirklichkeit zu entkommen.

Die häufigsten Fluktuationen zwischen Front und KZ erfolgten bei der SS-Totenkopfdivision. Das galt für Mannschaften wie für Ärzte. Der Grund mag in der historischen Entwicklung der T. Div. liegen: dass sie sich nämlich aus den Totenkopfverbänden entwickelte, dem Personal der Konzentrationslager. So war ihre enge Beziehung zum KZ-System auch späterhin vorhanden.

Die schwierigste Frage, die zu beantworten ist, ist die nach den etwaigen Kriegsverbrechen der Ärzte. Kein Arzt wurde – soweit bekannt – wegen seines Dienstes bei der Waffen-SS verurteilt. Wenn Ärzte verurteilt wurden, dann wegen ihrer Verbrechen in den KZ.

Es sind in der Hauptsache zwei Beschuldigungen, die gegen die Waffen-SS erhoben werden müssen, schrieb der Staatsanwalt Dr. Heinz Artzt, der 1960 zur Zentralstelle der Landesjustizverwaltungen zur Aufklärung nationalsozialistischer Verbrechen in Ludwigsburg versetzt wurde und der dort von 1964 bis 1977 Stellvertreter des Dienststellenleiters war:[3] Nämlich erstens die Beteiligung an den Unternehmen der Einsatzgruppen und

---

2 Kempner 1987, S. 362.

3 Artzt 1987, S. 103.

Sonderkommandos, zweitens ihre Verbindung zu den Totenkopfverbänden und den Konzentrationslagern.

Die Ärzte der Waffen-SS waren als Truppenärzte für die Truppe da. Als Regiments-, Divisions- oder Korpsärzte der Waffen-SS hatten sie übergeordnete koordinierende Aufgaben. Es gehörte angeblich nicht zu den Aufgaben der Waffen-SS-Ärzte, bei Erschießungen von Zivilisten anwesend zu sein, um anschließend den Tod der Ermordeten festzustellen. Dennoch gibt es Hinweise darauf, dass Ärzte bei Tötungen von Zivilisten dabei waren.

Wilhelm Z. sagte, dass er wie die Wehrmachtsärzte unter dem Zeichen des Roten Kreuzes tätig war und dass er auch Verwundete der feindlichen Truppen versorgte.

Den Ärzten war verboten, an Kriegshandlungen teilzunehmen – eine Anordnung, der sich Mengele widersetzte. Ansonsten wurden Kriegsverbrechen von Ärzten der Waffen-SS kaum öffentlich bekannt. Allerdings gilt: sie waren dabei, und sie waren anwesend – und sie sahen alles. Es kann natürlich auch sein, dass Verbrechen öfter *nicht* das Licht der Öffentlichkeit erreichten. Denn die SS war ein »Orden«, wie von dem Bach-Zelewski sagte, eine verschworene und verschwiegene Gemeinschaft, deren Mitglieder sorgfältig ausgewählt wurden. Sie hielten auch nach dem Krieg noch lange zusammen. Bekannt wurden Verbrechen nur dann, wenn es Überlebende gab, die anschließend berichten konnten.

Seit 2022 gibt es wieder Krieg in Europa. Russland überfiel im Februar die Ukraine. Jeden Tag berichten Zeitungen, Fernsehen und elektronische Medien von ukrainischen Städten, die bombardiert werden. Die ukrainischen Städtenamen sind uns seit gut zwei Jahren geläufig. Aus Kiew meldet sich der ukrainische Präsident Wolodymyr Selenskyj. Er nimmt dankbar deutsche Waffen entgegen und fordert weitere. Selenskyj, jüdischer Abstammung, der etliche Verwandte im Holocaust verloren hat, vermeidet es, von deutschen Gräueln an der ukrainischen Bevölkerung zur Zeit des Naziregimes zu sprechen. Er will deutsche Panzer (die vor mehr als 80 Jahren seine Heimatstadt verwüstet hatten) und Marschflugkörper.

Ganz in der Nähe von Kiew, von wo aus uns Selenskyj fast täglich in den Medien zugeschaltet ist, liegt die Schlucht von Babyn Jar, in der im September 1941 innerhalb von zwei Tagen mehr als 33.000 jüdische Ukrainer von deutschen Männern erschossen wurden.

So bedeutet jegliche Hilfe für die Ukraine immer auch der Versuch einer Wiedergutmachung des Leids, das Deutschland über die Ukrainer und insbesondere über die jüdischen Ukrainer gebracht hat.

Ein anderer aktueller Krieg berührt uns Deutsche fast noch mehr als der ukrainisch-russische, obwohl er weiter weg ist. Der Nahostkonflikt erinnert permanent an den Holocaust. Der Überfall der Hamas aus dem Gazastreifen auf israelische Kibbuzim am 7. Oktober 2023 rief einen israelischen Großangriff auf palästinensische Gebiete hervor. Eine neue Flut antisemitischer Demonstrationen begann daraufhin in der Bundesrepublik. Schon seit Längerem ist die Zunahme antisemitischer Aktivitäten und Äußerungen zu verzeichnen.

Ärzte der Waffen-SS waren beteiligt an der Judenvernichtung in der NS-Zeit. So sollten gerade Medizinstudenten lernen, wie das Arzttum im Nationalsozialismus verrohte und pervertiert wurde. Eine Novelle der Approbationsordnung, die die Inhalte der ärztlichen Ausbildung gesetzlich regelt und fürs Jahr 2027 vorgesehen ist, soll deshalb die Ursachen des Antisemitismus, die Nazimedizin und den Holocaust in den Kanon der medizinischen Lehrinhalte aufnehmen. *Verpflichtend* soll Wissen über die Medizin in der NS-Zeit gelehrt werden. »Wissen in Ausbildung integrieren«, titelt das Deutsche Ärzteblatt im Dezember 2023 – knapp 80 Jahre nach Ende des Nationalsozialismus.[4]

Angestoßen wurde die Initiative zum Lehrkanon im Dezember 2023 von einem 78-seitigen Report, der von 20 internationalen Autoren, darunter vier aus der Bundesrepublik, unter ihnen Volker Roelcke, Medizinhistoriker der Gießener Universität, erstellt und in der Zeitschrift *The Lancet* veröffentlicht wurde.[5] Die Kommission nennt mehrere Gründe, warum Angehörige von medizinischen Berufen die Geschichte des Nationalsozialismus und des Holocaust kennen sollten. Denn immer noch hätten wir es mit den Folgen der Nazizeit zu tun, so wenn es darum gehe, Ergebnisse zur Kenntnis zu nehmen, die durch inhumane experimentelle NS-Praktiken zustande kamen; oder wenn Wissenschaftler geehrt würden, die in den Nationalsozialismus verwickelt waren. Ferner könne das historische Wissen helfen bei der Berücksichtigung von ethischen Fragen bei zukünftiger biomedizinischer Forschung.

Wenn der Krieg in unser Alltagsleben eindringt, wenn die Bellizisten überhand nehmen und das Wort reden: dann sollten Ärzte und Nicht-Ärzte

---

[4] Kurz, Ch.: Wissen in Ausbildung integrieren, in: Deutsches Ärzteblatt 120: 2023, S. B 1728f.

[5] Czech, H./Hildebrandt, S. [u. 17 Autoren] u. Roelcke, V.: The Lancet Commisssion on medicine, Nazism, and the Holocaust: historical evidence, implications for today, teaching for tomorrow, in: The Lancet, published online 8.11.2023.

wissen, was die Mediziner im Zweiten Weltkrieg erlebten, taten, sahen und verschwiegen.

Eine Remilitarisierung der Gesellschaft ist zu verzeichnen. Grüne Politiker, die ihr politisches Mandat in den 80er-Jahren bekamen, weil sie gegen die atomare Aufrüstung im Kalten Krieg waren und die mit gelben Sonnenblumen ins Parlament einzogen, werden nun zu Kriegstreibern. Anton Hofreiter, der mit seinen langen Haaren so aussieht, als stamme er direkt von den pazifistischen Hippies der 60er-Jahre ab, ruft am lautesten nach Waffen für die ukrainische Kriegspartei. Aber auch Robert Habeck, der grüne Wirtschaftsminister, will Waffen liefern. Seine Ehefrau, Andrea Paluch (geb. 1970), eine Schriftstellerin, versucht eine Erklärung für das militaristische Gebaren ihrer Generation: Ist es »das Aufbegehren gegen den Pazifismus unserer Lehrer«, der Lehrer der 68er-Generation?[6]

Die grüne Außenministerin Anna-Lena Baerbock will den Ukrainern »Taurus«-Marschflugkörper geben. Diese haben eine Reichweite bis zu 500 km und könnten deshalb auf russisches Staatsterritorium abgefeuert werden, was eine Eskalation des Kriegs bedeutete. Darum lehnt der Bundeskanzler Olaf Scholz die Weitergabe von Marschflugkörpern ab. Er sieht sich darin einig mit der Mehrheit der Bevölkerung, denn 59% der Befragten stimmen ihm zu.[7]

Aber der SPD-Verteidigungsminister Boris Pistorius will eine Vergrößerung der Bundeswehr mit dem Argument, man müsse gegen kriegerische Überfälle gewappnet sein. Weil der SPD-Bundeskanzler Olaf Scholz zögert, titelt die »Bild«-Zeitung am 8. Januar 2024: «Boris Pistorius als Kanzler statt Olaf Scholz«. Boris Pistorius soll aber mal sagen, wann in der Geschichte die Deutschen überfallen worden wären! Immer haben deutsche Armeen fremde Länder überfallen – nicht diese Deutschland. Trotzdem hieß es seit Anbeginn der Bundesrepublik jahrzehntelang: »Die Russen kommen!«

Die FDP-Abgeordnete Marie-Agnes Strack-Zimmermann, Vorsitzende des Verteidigungsausschusses, ist sicherlich die kriegerischste Großmutter, die es jemals gab, denn üblicherweise sorgen sich Großmütter um die friedliche Lebenswelt ihrer Enkel. Der wahrscheinliche CDU-Kanzlerkandidat Friedrich Merz will die Wehrpflicht zurück haben, weil sich für die Freiwilligenarmee der Bundeswehr zu wenige Bewerber interessierten. Der parteilose DDR-Pfarrer und Alt-Bundespräsident Joachim Gauck will den Ukra-

---

6 Paluch, A.: Zwischen den Jahren, Ellert & Richter Verlag, Hamburg 2020, 2. Aufl., S. 139 (1. Aufl. 2012).

7 ZDF, Berlin direkt, 10.3.2024.

inern die Präzisionswaffen liefern, die sie haben wollen.[8] Dabei steht in der Bibel »Schwerter zu Pflugscharen«.

Wissenschaftler liefern den Politikern Schützenhilfe mit kriegstreibenden Argumenten. Ein Historiker wie Sönke Neitzel beleuchtete früher, als er noch in Großbritannien tätig war, die Abhörprotokolle von gefangenen Wehrmachtssoldaten kritisch. Die Briten und Amerikaner hatten heimlich die Gespräche von kriegsgefangenen deutschen Soldaten des Zweiten Weltkriegs abgehört und konstatiert, dass diese keine Reue oder Trauer zeigten angesichts von Millionen Kriegstoten und angesichts der tausendfachen Judenerschießungen, sondern dass sie sich selbst in Gefangenschaft noch Gedanken machten, wie der Krieg hätte gewonnen werden können.[9] Seit 2015 ist Sönke Neitzel Lehrstuhlinhaber für Militärgeschichte der Universität Potsdam und redet als häufiger Gast in Tagesschau und Talkshows den Krieg förmlich herbei.

Manche Universitäten – so die Bremer Universität – haben Zivilklauseln in ihren Satzungen. Das Bremer Hochschulgesetz verpflichtet sogar die Universität, Forschung ausschließlich zu friedlichen Zwecken zu betreiben. Nun heißt es, es sei angebracht, darüber nachzudenken, ob Zivilklauseln noch angemessen seien. Die »Selbstregulierungsinstrumente« der Wissenschaft müssten im Lichte der »Zeitenwende« revidiert werde.[10]

Lange ist es her, seit 1985 eine Ärzteorganisation, die International Physicians for the Prevention of Nuclear War (IPPNW; Ärzte gegen Atomkrieg), den Friedensnobelpreis bekam.

Wo Soldaten sind, werden immer auch Ärzte gebraucht.

[8] Sturm, P.: Symbol Taurus, in: FAZ vom 8.1.2024; Anonymus (mwe): Scholz soll den Taurus liefern, in: FAZ vom 8.1.2024.

[9] Neitzel, S./Welzer, H.: Soldaten. Protokolle vom Kämpfen, Töten und Sterben, S. Fischer Verlag, Frankfurt am Main 2011.

[10] Schmoll, H.: Forschung im Lichte neuer Zeiten, in: FAZ vom 11.3.2024.

Anhang

Abkürzungen

a.a.O.	am angegebenen Ort
AfD	Alternative für Deutschland
AG	Aktiengesellschaft
ARD	Arbeitsgemeinschaft der öffentlich-rechtlichen Rundfunkanstalten der Bundesrepublik Deutschland
BASF	Badische Anilin- und Sodafabrik
DDR	Deutsche Demokratische Republik
DKP	Deutsche Kommunistische Partei
Dok.	Dokumentation
DP	Deutsche Partei [in der Bundesrepublik]
EK	Eisernes Kreuz
Ek	Einsatzkommando
FAS	Frankfurter Allgemeine Sonntagszeitung
FAZ	Frankfurter Allgemeine Zeitung
FDJ	Freie Deutsche Jugend
FR	Frankfurter Rundschau
Gestapo	Geheime Staatspolizei
Hrsg.	Herausgeber
KdF	Kraft durch Freude bzw. Kanzlei des Führers
KWI	Kaiser-Wilhelm-Institut
KZ	Konzentrationslager
LSSAH	Leibstandarte-SS »Adolf Hitler«
LVA	Landesversicherungsanstalt
MG	Maschinengewehr
NS	Nationalsozialismus; nationalsozialistisch
NSDÄB	Nationalsozialistischer Deutscher Ärztebund
NSDAP	Nationalsozialistische Deutsche Arbeiterpartei
NSDStB	Nationalsozialistischer Deutscher Studentenbund
NSV	Nationalsozialistische Volkswohlfahrt
o.J.	ohne Jahr
RKU	Reichskommissariat Ukraine
SA	Sturmabteilung
SD	Sicherheitsdienst [der SS]
SED	Sozialistische Einheitspartei Deutschlands
SS	Schutzstaffel

Stuka	Sturzkampfbomber
SZ	Süddeutsche Zeitung
T 4	Tiergartenstraße Nr. 4 = Berliner Zentrale der Erwachseneneuthanasie
taz	Die Tageszeitung
T. Div.	SS-Totenkopf-Division
tv	Television
UdSSR	Union der Sozialistischen Sowjetrepubliken
u.k.	unabkömmlich [vom Zivilberuf]
US	United States
VEB	Volkseigener Betrieb [der DDR]
Verz.	Verzeichnis
WG	Wohngemeinschaft
WVHA	Wirtschafts- und Verwaltungshauptamt [der SS]
z.b.V.	zur besonderen Verwendung
ZDF	Zweites Deutsches Fernsehen

Literaturverzeichnis

Ackermann, F.: Die verheimlichten Massenmorde von Minsk, in: FAZ vom 14.1.2017.

Alexijewitsch, S.: Der Krieg hat kein weibliches Gesicht, Verlag am Galgenberg, Hamburg 1989.

Alexijewitsch, S.: Secondhand-Zeit, Suhrkamp, Berlin 2015.

Altwegg, J.: Lob für Breivik von Littells Lektor, in: FAZ vom 30.8.2012.

Aly, G.: Die Belasteten, Fischer Taschenbuch, Frankfurt am Main 2021, 2. Aufl.

Angrick, A.: Besatzungspolitik und Massenmord, Hamburger Edition HIS Verlagsges., Hamburg 2003.

Angrick, A./Klein, P.: Die »Endlösung« in Riga: Ausbeutung und Vernichtung 1941–1944, Wissenschaftliche Buchgesellschaft, Darmstadt 2006.

Anonymus (jöb): »Verbundenheit, die nie brüchig wird«, in: FAZ vom 11.4.2007.

Anonymus (mwe): Scholz soll den Taurus liefern, in: FAZ vom 8.1.2024.

Anonymus: Rassemblement National will nicht mehr neben der AfD sitzen, in: FAZ vom 22.5.2024.

Anonymus: Le Pen bricht wegen Krah mit der AfD, in: FAZ vom 22.5.2024.

Artzt, H.: Mörder in Uniform, Arthur Moewig Verlag, Rastatt 1987.

Bajohr, F./Löw, A. (Hrsg.), Der Holocaust, S. Fischer Taschenbuch, Frankfurt am Main 2015.

Bamm, P.: Die unsichtbare Flagge, Kösel-Verlag, München 2007.

Bauer, M.: Sein einschneidendes Erlebnis, in: FAZ vom 23.2.2019.

Becker, W.: »Wir Kindersoldaten fanden die Waffen-SS toll«, in: FAS vom 8.6.2014.

Behrendt, K. Ph.: Die Kriegschirurgie von 1939–1945 aus der Sicht der Beratenden Chirurgen des deutschen Heeres im Zweiten Weltkrieg, Dissertation der mediz. Fakultät der Albert-Ludwigs-Universität, Freiburg 2003.

Bejdin, I.: »Das Sicherheitsbedürfnis der sowjetischen Menschen ist riesengroß«, in: FR vom 28.12.1987.

Bellgardt, A.: »B. ist zu unbekannt, Beurteilung nach Fragebogen«, in: Wrochem 2016, S. 282–295.

Benzenhöfer, U.: Bemerkungen zum Lebenslauf von Josef Mengele unter besonderer Berücksichtigung seiner Frankfurter Zeit, in: Hessisches Ärzteblatt Nr. 4: 2011, S. 228–240.

Bergen, D. L.: Holocaust und Besatzungsgeschichte, in: Bajohr/Löw 2015, S. 299–320.

Berkhoff, K.C.: Aussage in der Heimat der Täter, in: Osteuropa 71: 2021, H. 1–2, S. 41–57.

Böll, H.: Der Zug war pünktlich, in: Balzer, B. (Hrsg.), Heinrich Böll Werke, Band 1, Kiepenheuer & Witsch, Köln o. J., S. 66–168.

Boll, B./Safrian, H.: Auf dem Weg nach Stalingrad, in: Heer/Naumann 1997, S. 260–296.

Bornmüller, H.: Waffen-SS I [Leserbrief], in: FAZ vom 11.6.2013.
Brennecke, H.-J.: Er hatte auch eine verbrecherische Seite, in: Wrochem 2016, S. 296–303.
Brix, B.: Stille Post – das beredte Schweigen meines Vaters, in: Wrochem 2016, S. 304–321.
Brockhaus Enzyklopädie, 15. Band, Wiesbaden 1972.
Browning, C.: Ganz normale Männer, Rowohlt Taschenbuch Verlag, Hamburg 2020.
Bruchfeld, St./Levine, P.: Erzählt es euren Kindern. Der Holocaust in Europa, Random House , München 2004.
Brugsch, Th.: Arzt in fünf Jahrzehnten, Verlag der Nation, Berlin (DDR) 1986.
Bruns, F.: Medizinethik im Nationalsozialismus, Franz Steiner Verlag, Stuttgart 2009.
Casagrande, Th.: »Unsere Gegner haben uns als Deutsche kennengelernt.« In: Schulte u.a. 2014, S. 163–178.
Cheema, S.-N./Mendel, M.: Deutsche Täterbiographien werden zu Opfergeschichten, in: FAZ vom 31.1.2024.
Christ, M./Suderland, M. (Hrsg.): Soziologie und Nationalsozialismus, Suhrkamp, Berlin 2014.
Christensen, C.B./Paulsen, N.B./Scharff Smith, P.: Dänen in der Waffen-SS 1940–1945, in: Schulte u.a. 2014, S. 196–215.
Czech, H./Hildebrandt, S. [u. 17 Autoren] u. Roelcke, V.: The Lancet Commission on medicine, Nazism, and the Holocaust: historical evidence, implications for today, teaching for tomorrow, in: The Lancet, published online 8.11.2023.
Daniluk, J.: Krankenmorde im Reichsgau Danzig-Westpreußen, in: Osterloh u.a. 2022, S. 173–186.
Davies, F.: Babyn Jar vor Gericht, in: Osteuropa 71: 2021, H. 1–2, S. 23–40.
Dieckmann, Chr.: Deutsche Besatzungspolitik in Litauen 1941–1944, Wallstein Verlag, Göttingen 2011.
Dörner, B.: Exekutiert, vernichtet, »judenfrei«, in: FAZ vom 27.1.2015.
Dörner, K.: Die Morde im Fort VII, in: Die Zeit vom 1.9.1989.
Doetz, S.: Alltag und Praxis der Zwangssterilisationen. Die Berliner Universitätsfrauenklinik unter Walter Stoeckel 1942–1944, Medizinische Dissertation Charité – Universitätsmedizin Berlin, Berlin 2010.
Dreisbach, S.: Die Greuel in der weißrussischen Erde, in: FAZ vom 10.8.2018.
Drobisch, K.: Mediziner in frühen Konzentrationslagern 1933 bis 1936, in: Thom, A./Spaar, H. (Hrsg.), Medizin im Faschismus, Symposium-Protokoll, Berlin (DDR) 1983, S. 232–239.
Ebbinghaus, A./Dörner, K. (Hrsg.): Vernichten und Heilen, Aufbau-Verlag, Berlin 2001.
Eckl, L.: »Dafür hängen einen die Deutschen, aber hungrig muss ich Risiken eingehen.« Besatzungsalltag in der Charkiwer Oblast im Zweiten Weltkrieg, in: Bulletin des Fritz Bauer Instituts 15: 2023, Ausgabe 24, S. 18–27.
Eickhoff, M./Pagels, W./Reschl, W.: Der unvergessene Krieg, Verlagsgesellschaft Schulfernsehen, Köln 1981.

Eisenhauer, B./Schaaf, J.: »Du wolltest ja leben«, in: FAS vom 10.3.2011.
Elsner, G.: Heilkräuter, »Volksernährung«, Menschenversuche. Ernst Günther Schenck (1904–1998): Eine deutsche Arztkarriere, VSA: Verlag, Hamburg 2010.
Elsner, G.: Augustes Töchter, VSA: Verlag, Hamburg 2021.
Elsner, G.: Freikorps, Korporationen, Kolonialismus. Zur sozialen Herkunft von Nazi-Ärzten, VSA: Verlag, Hamburg 2024.
Englard, F.: Vom Waisenhaus nach Jungfernhof, VSA: Verlag, Hamburg 2009.
Felder, B.: Elektroschocks und »Euthanasie«, in: Osterloh u.a. 2022, S. 268–288.
Fischer, H.: Die Notchirurgie zwischen Truppenverbandplatz und Feldlazarett, in: Guth, E. (Hrsg.), Sanitätswesen im Zweiten Weltkrieg, Verlag E.S. Mittler & Sohn, Bonn/Herford 1990, S. 47–100.
Fritz Bauer Institut/Wojak, I. (Hrsg.): Auschwitz-Prozeß 4 Ks 2/63 Frankfurt am Main, Snoeck Verlagsgesellschaft, Köln 2004.
Funke, H.: Der Kampf um die Erinnerung, VSA: Verlag, Hamburg 2019.
Gantz, U.: Die Plastiktüte, in: Wrochem 2016, S. 325–339.
Gentile, C.: Die 16. Panzergrenadierdivision »Reichsführer-SS« in Italien, in: Schulte u.a. 2014, S. 302–316.
Gerlach, Chr.: Männer des 20. Juli und der Krieg gegen die Sowjetunion, in: Heer/ Naumann 1997, S. 427–446.
Gnauck, G.: Ein Versteck unter den Erschossenen, in: FAZ vom 29.9.2021.
Goldhagen, D.J.: Hitlers willige Vollstrecker, Siedler Verlag, Berlin 1996.
Gross, R./ Semmelroth, F. (Hrsg.), Erinnerungsstätten an der Frankfurter Großmarkthalle, Prestel Verlag, München u.a. 2016.
Gross, R.: »Es gibt eine neue Abwehr gegen die Erinnerung an den Holocaust«, in: Der Spiegel Nr. 46: 2023, S. 120–122.
Grünberg, K.: Von der Taiga bis zum Kaukasus, Mitteldeutscher Verlag, Halle/ Saale 1970.
Gumbel, E.J.: Vom Fememord zur Reichskanzlei, Verlag Lambert Schneider, Heidelberg 1962.
Gutsch, J.-M.: Opa Hans, in: Der Spiegel Nr. 20: 2015, S. 53–58.
Guth, E.: Militärärzte und Sanitätsdienst im Dritten Reich. Ein Überblick, in: Frei, N. (Hrsg.), Medizin und Gesundheitspolitik in der NS-Zeit, Oldenbourg Verlag, München 1991, S. 173–187.
Hahn, J.: Grawitz, Genzken, Gebhardt. Drei Karrieren im Sanitätsdienst der SS, Klemm & Oelschläger, Münster 2008.
Hamann, M.: Die Morde an polnischen und sowjetischen Zwangsarbeitern in deutschen Anstalten, in: Beiträge zur Nationalsozialistischen Gesundheits- und Sozialpolitik Nr. 1, Rotbuch Verlag, Berlin (West) 1985, S. 121–187.
Harding, Th.: Hanns und Rudolf, Deutscher Taschenbuch Verlag, München 2014.
Hebauf, R.: Gaußstr. 14. Ein »Ghettohaus« in Frankfurt am Main, CoCon Verlag, Hanau 2010.
Heer, H./Naumann, K. (Hrsg.): Vernichtungskrieg. Verbrechen der Wehrmacht 1941 bis 1944, Zweitausendeins, Frankfurt am Main 1997, 8. Aufl.
Heer, H./Streit, Chr.: Vernichtungskrieg im Osten, VSA: Verlag, Hamburg 2020.

Hein, B.: Elite für Volk und Führer? Die Allgemeine SS und ihre Mitglieder 1925–1945, Oldenbourg Verlag, München 2012.
Hein, B.: Die SS. Geschichte und Verbrechen, Verlag C.H. Beck, München 2015.
Herber, F.: Gerichtsmedizin unterm Hakenkreuz, Voltmedia, Paderborn 2006.
Herwig, M.: Die Flakhelfer, Deutsche Verlags-Anstalt/Random House, München 2013.
Hessische Landeszentrale für politische Bildung (Hrsg.): Die »Machtergreifung« 1933, Forschungen, Werkstattberichte und Impulse, VDS Verlagsdruckerei, Neustadt an der Aisch o.J.
Hirt, O.: Lebensbild. Generaloberstabsarzt a. D. Prof. Dr. Handloser gestorben, in: Münchner medizinische Wochenschrift 96: 1954, S. 1260–1261.
Hördler, St.: KZ-System und Waffen-SS. Genese, Interdependenzen und Verbrechen, in: Schulte u.a. 2014, S. 80–98.
Hoff, F.: Erlebnis und Besinnung, Verlag Ullstein, Berlin (West) u.a. 1971.
Hoppe, B.: Babyn Jar. Massenmord am Stadtrand, in: Osteuropa 71: 2021, H. 1–2, S. 5–22.
Hoppe, B.: Holocaust in der Ukraine. Vom antijüdischen Terror zum arbeitsteiligen Völkermord, in: Bulletin des Fritz Bauer Instituts 15: 2023, Ausgabe 24, S. 6–17.
Husen, M.: Ärzte der Waffen-SS. Führer im Sanitätsdienst – Ein Personenlexikon, GRIN Verlag, München/Ravensburg 2023.
Jaroszewski, Z.: Die Vernichtung psychisch Kranker in Polen 1939–1944, in: Thom, A./Rapoport, S. (Hrsg.), Das Schicksal der Medizin im Faschismus, Jungjohann Verlagsgesellschaft, Neckarsulm/München 1989, S. 44–49.
Käppner, J.: Nach 74 Jahren, in: SZ vom 30.6.2018.
Kater, M.H.: Ärzte als Hitlers Helfer, Europa Verlag, Hamburg/Wien 2000.
Keller, S.: Elite am Ende. Die Waffen-SS in der letzten Phase des Krieges 1945, in: Schulte u.a. 2014, S. 354–376.
Kempner, R.M.W.: SS im Kreuzverhör, Greno, Nördlingen 1987.
Kepplinger, B./Marckhgott, G./Reese, H.: Tötungsanstalt Hartheim, Modern Times Media Verlag, Wien/Linz 2008.
Kershaw, I.: Das Ende, Deutsche Verlags-Anstalt, München 2011.
Killian, H.: Im Schatten der Siege, Ehrenwirth Verlag, München 1964.
Klausch, H.-P.: Braunes Erbe – NS-Vergangenheit hessischer Landtagsabgeordneter 1946–1987, Hrsg. Die Linke, Fraktion im Hess. Landtag, Oldenburg/Wiesbaden 2011.
Klee, E.: Morden und Heilen, in: Die Zeit vom 18.4.1986.
Klee, E.: Auschwitz, die NS-Medizin und ihre Opfer, S. Fischer Verlag, Frankfurt am Main 1997.
Klee, E.: Das Personenlexikon zum Dritten Reich, S. Fischer Verlag, Frankfurt am Main 2003.
Klee, E.: »Euthanasie« im Dritten Reich, Fischer Taschenbuch, Frankfurt am Main 2018, 3. Auf.
Knaurs Lexikon, Th. Knaur Nachf. Verlag, Berlin 1939.

Kogon, E.: Der SS-Staat, Wilhelm Heyne Verlag, München 1999.
Kohl, W.: »Ich wundere mich, dass ich noch lebe«, Gütersloher Verlagshaus Gerd Mohn, Gütersloh 1990.
Kingreen, M. (aus dem Nachlass, Bearbeiter Volker Eichler): Die Deportation der Juden aus Hessen 1940 bis 1945, Wiesbaden 2023.
Kruglov, A.: Verfolgt und vernichtet. Der nationalsozialistische Massenmord an den Roma im Reichskommissariat Ukraine 1941–1943, in: Bulletin des Fritz Bauer Instituts 15: 2023, Ausgabe 24, S. 28–37.
Kudlien, F.: Medizin im Nationalsozialismus. Bilanz und Ausblick, in: Deutsches Ärzteblatt 86: 1989, S. A 1188–1192 [Sonderdruck].
Kupplich, Y.: Funktion und Leistungen der Beratenden Internisten im Heeressanitätsdienst der deutschen Wehrmacht 1939–1945, Dissertation der mediz. Fakultät der Universität Leipzig, Leipzig 1996.
Kurz, Ch.: Wissen in Ausbildung integrieren, in: Deutsches Ärzteblatt 120: 2023, S. B 1728f.
Lang, J. von: Der Adjutant. Karl Wolff: Der Mann zwischen Hitler und Himmler, Ullstein, Frankfurt am Main/Berlin (West) 1989.
Lanzmann, C.: Der patagonische Hase. Erinnerungen, Rowohlt Verlag, Reinbek bei Hamburg 2010.
Leeb, J.: »Wir waren Hitlers Eliteschüler«. Ehemalige Zöglinge brechen ihr Schweigen, Rasch und Röhring, Hamburg 1998 [S. 65–73].
Lehnhardt, J.: Die Inszenierung der nationalsozialistischen Soldaten: Die Waffen-SS in der NS-Propaganda, in: Schulte u.a. 2014, S. 377–391.
Leibfried, St./Tennstedt, F.: Berufsverbote und Sozialpolitik 1933, Universität Bremen, Bremen 1980.
Leidinger, F.: … und wehrten sich verzweifelt, in: Die Zeit vom 28.8.1987.
Leleu, J. L.: Jenseits der Grenzen: Militärische, politische und ideologische Gründe für die Expansion der Waffen-SS, in: Schulte u.a. 2014, S. 25–41.
Lemmens, L./Thom, A.: Zur Entwicklung und Wirksamkeit des Wehrmachtssanitätswesens in den Jahren 1933 bis 1945, in: Thom/Caregorodcev 1989, S. 363–382.
Less, A.W. (Hrsg.): Der Staat Israel gegen Adolf Eichmann, Beltz Athenäum Verlag, Weinheim 1995, 2. Aufl.
Lettow, F.: Arzt in den Höllen, Wilhelm Heyne Verlag, München 2001.
Lichtblau, L.: Sund, Verlag von C.H. Beck, München 2024.
Lieb, P.: Die Panzerdivisionen von Waffen-SS und Wehrmacht in der Normandie 1944 im Vergleich, in: Schulte u.a. 2014, S. 336–353.
Lifton, R.J.: Ärzte im Dritten Reich, Klett-Cotta, Stuttgart 1988.
Littell, J.: Die Wohlgesinnten, Berlin Verlag, Berlin 2008.
Longerich, P.: Heinrich Himmler. Biographie, Pantheon/Random House, München 2010.
Mackrell, J.: Frauen an der Front. Kriegsreporterinnen im Zweiten Weltkrieg, Insel Verlag, Berlin 2023.
Makhotina, K./Zabarko, B.: Leben für die Bewahrung der Erinnerung, in: Bulletin des Fritz Bauer Instituts 15: 2023, S. 38–45.

Manoschek, W.: »Gehst mit Juden erschießen?« In: Heer/Naumann 1997, S. 39–56.
Menczel, L.: Vom Rhein nach Riga, VSA: Verlag, Hamburg 2012.
Merkl, F. J.: Kameradschaftlicher Beistand, in: Schulte u.a. 2014, S. 406–420.
Meyer-Kalkus, R.: Das Gedicht läuft beim Sprechen durch den ganzen Körper, in: FAZ vom 12.2.2014.
Milata, P.: Motive rumäniendeutscher Freiwilliger zum Eintritt in die Waffen-SS, in: Schulte u.a. 2014, S. 216–229.
Müller-Hill, B.: Tödliche Wissenschaft, Rowohlt Taschenbuchverlag, Reinbek bei Hamburg 1985.
Naumann, B.: Auschwitz. Bericht über die Strafsache gegen Mulka u.a. vor dem Schwurgericht Frankfurt, Fischer Bücherei/Athenäum, Frankfurt am Main/ Hamburg 1968 [Nachdruck 1993].
Neitzel, S./Welzer, H.: Soldaten. Protokolle vom Kämpfen, Töten und Sterben, S. Fischer Verlag, Frankfurt am Main 2011.
Oberstes Gericht [der DDR]: Urteil vom 25. März 1966, Gerechte Strafe für Verbrechen gegen die Menschlichkeit, in: Neue Justiz [DDR] 20: 1966, S. 193–206.
Ohler, N.: Der totale Rausch, Kiepenheuer & Witsch, Köln 2019.
Oldenkott, B.A.: Jahrgang 1925 [Leserbrief], in : FAZ vom 3.6.2013.
Osterloh, J./Schulte, J.E./Steinbacher, S. (Hrsg.): »Euthanasie«-Verbrechen im besetzten Europa, Wallstein Verlag, Göttingen 2022.
Paluch, A.: Zwischen den Jahren, Ellert & Richter Verlag, Hamburg 2020 (1. Aufl. 2012).
Parzer, R.: »Euthanasie« im besetzten Polen, in: Osterloh u.a. 2022, S. 159–172.
Percival, R.V.: Lebendfrisches aus Auschwitz, in: Die Zeit vom 14.4.1989.
Posner, G.L./Ware, J.: Mengele. The Complete Story, McGraw-Hill Book Company, New York u.a. 1986.
Putzbach,R./Savchuk, A.: Kein sicheres Ufer, in: FAZ vom 15.6.2024.
Ratschko, K.-W.: Rolle der Kieler Hochschulärzte im Dritten Reich, in: Schleswig-Holsteinisches Ärzteblatt 68: 2015, S. 26–28.
Rebrova, I./Friedman, A.: Behinderte Kinder als Opfer der nationalsozialistischen Mordpolitik. Die Beispiele Schumjatschi (Gebiet Smolensk) und Jejsk (Gebiet Kranodar), in: Osterloh u.a. 2022, S. 289–306.
Renn, L.: Anstöße in meinem Leben, Aufbau-Verlag, Berlin und Weimar 1982.
Richter, H.W. (Hrsg.): Almanach der Gruppe 47. 1947–1962, Rowohlt Verlag, Reinbek bei Hamburg 1962.
Rohrkamp, R.: Die Rekrutierungspraxis der Waffen-SS in Frieden und Krieg, in: Schulte u.a. 2014, S. 42–60.
Roseman, M.: Lebensfälle: Biographische Annäherungen an NS-Täter, in: Bajohr/ Löw 2015, S. 186–209.
Rosenberg, H.: Jahre des Schreckens … und ich blieb übrig, dass ich Dir's ansage (Auszug), Steidl Verlag, Göttingen o. J.
Rüb, M.: An einem schrecklichen Ort, in: FAZ vom 23.3 2019.
Ruprecht, Th. M.: Vom Wert des Gewissens, in: taz vom 1.9.1989.
Schenck, E. G.: Vom Massenelend der Frauen, Verlag der Heimkehrer, Bonn/Bad

Godesberg 1988.
Schenck, E.G.: Das Notlazarett unter der Reichskanzlei, ars una Verlagsges., Neuried 1995.
Schmidt, U.: Hitlers Arzt Karl Brandt, Aufbau Verlag, Berlin 2009.
Schmoll, H.: Forschung im Lichte neuer Zeiten, in: FAZ vom 11.3.2024.
Schneider-Janessen, K.: Arzt im Krieg, Lichtenwys-Verlag, Frankfurt am Main 1993.
Schöck-Quinteros, E.: »Was wissen wir Frauen auch von Politik?«, Universität Bremen, Bremen 2011.
Schütte, G.: Mein Vater – sein Leben und mein Leben, in: Wrochem 2016, S. 384–404.
Schulte, J. E./Lieb, P./Wegner, B. (Hrsg.): Die Waffen-SS. Neue Forschungen, Verlag Ferdinand Schöningh, Paderborn 2014.
Simonow, K.: Die Lebenden und die Toten. Romantrilogie Teil 3: Der letzte Sommer, Verlag Volk und Welt, Berlin (DDR) 1981.
Stargardt, N.: Der deutsche Krieg 1939–1945, S. Fischer Verlag, Frankfurt am Main 2015.
Stöckle, Th.: Grafeneck 1940, Silberburg-Verlag, Tübingen 2012.
Streit, Chr.: Das Schicksal der verwundeten sowjetischen Kriegsgefangenen, in: Heer/Naumann 1997, S. 78–92.
Streit, Chr.: »Und dann wollen wir uns ja im Osten gesundstoßen«, in: Heer/Streit 2020, S. 141–170.
Streit, Chr.: Die sowjetischen Kriegsgefangenen in deutscher Hand, in: Heer/Streit 2020, S. 171–190.
Sturm, P.: Von Kanzlers Gnaden, in: FAZ vom 9.3.2021.
Sturm, P.: Symbol Taurus, in: FAZ vom 8.1.2024.
Sturm, P.: Der große Sprung, in: FAZ vom 6.6.2024.
Sydnor, Ch. W.: Soldaten des Todes. Die 3. SS-Division »Totenkopf« 1933–1945, Verlag Ferdinand Schöningh, Paderborn u.a. 2007, 5. Aufl.
Thadeusz, F.: Der Massenmörder, der davon kam, in: Der Spiegel Nr. 2: 2024, S. 42f.
Thiel, Th.: Das Märchen von der Nazi-Bande, in: FAZ vom 14.2.2024.
Thom, A.: Zur Einführung, in: Thom/Caregorodcev 1989, S. 7–13.
Thom, A./Caregorodcev, G.I. (Hrsg.): Medizin unterm Hakenkreuz, VEB Verlag Volk und Gesundheit, Berlin (DDR) 1989.
Timm, U.: Am Beispiel meines Bruders, dtv Verlagsgesellschaft, München 2022, 16. Aufl.
Töppel, R.: Waffen-SS und Wehrmacht in der Schlacht von Kursk. Ein Vergleich im operativen Einsatz, in: Schulte u.a. 2014, S. 317–335.
Topp, S.: Geschichte als Argument in der Nachkriegsmedizin, V & R unipress, Göttingen 2013.
Trials of War Criminals before the Nuernberg Military Tribunals, Vol. I u. II, The Medical Case, U.S. Government Printing Office, Washington, D.C. [o.J.]
Tytarenko, D.: »Euthanasie« in der Ukraine während der deutschen Okkupation, in: Osterloh u.a. 2022, S. 245–267.

Tytarenko, D.: Der Mord an den Patienten des psychiatrischen Krankenhauses von Poltawa während der deutschen Besatzung (1941–1943), in: Fritz Bauer Institut, Jahresbericht 1922, Frankfurt am Main 2023, S. 46f.
Verzeichnis der deutschen Ärzte und Heilanstalten – Reichs-Medizinal-Kalender 1937 – , Georg Thieme Verlag, Leipzig 1937.
Völklein, U.: Josef Mengele – Der Arzt von Auschwitz, Steidl Verlag, Göttingen 1999.
Völklein, U.: Der »Märchenprinz«. Eduard Wirths: Vom Mitläufer zum Widerstand. Als SS-Arzt im Vernichtungslager Auschwitz, Haland & Wirth, Gießen 2006.
Wachsmann, N.: Die Geschichte der nationalsozialistischen Konzentrationslager, Siedler Verlag, München 2016.
Wachsmuth, W.: Ein Leben mit dem Jahrhundert, Springer Verlag, Berlin (West) 1985.
Weindling, P. J.: Zur Dimension der »Euthanasie«-Verbrechen im deutsch besetzten Europa, in: Osterloh u.a. 2022, S. 325–362.
Weise, N.: Eicke. Eine SS-Karriere zwischen Nervenklinik, KZ-System und Waffen-SS, Verlag Ferdinand Schöningh, Paderborn u.a. 2013.
Weise, N.: »Soldat, Kämpfer, Kamerad.« Die Waffen-SS in der NS-Propaganda am Beispiel Theodor Eickes und der SS-Division »Totenkopf«, in: Schulte u.a. 2014, S. 392–405.
Welzer, H./Moller, S./Tschuggnall, K.: »Opa war kein Nazi«, Fischer Taschenbuch Verlag, Frankfurt am Main 2012, 8. Aufl.
Westmeier, J.: Die Junkerschulgeneration, in: Schulte u.a. 2014, S. 271–285.
Wiegel, M.: Wo die Zeit stehenblieb? In: FAZ vom 5.9.2019.
Wiegrefe, K.: »Gewünschtes Einschlafen«, in: Der Spiegel Nr. 3: 2012, S. 32f.
Wilke, K.: Die Truppenkameradschaften der Waffen-SS 1950–1990. Organisationsgeschichte, Entwicklung und innerer Zusammenhalt, in: Schulte u.a. 2014, S. 421–435.
Winkler, Chr.: »Nach deutschem Gesetz gelten Geisteskranke als überflüssiger Ballast für die Gesellschaft.« Die Vernichtung psychisch Kranker und Behinderter in den besetzten Gebieten Sowjetrusslands, in: Osterloh u.a. 2022, S. 307–322.
Winkler, Chr.: Vergessene Opfer. Die systematische Ermordung psychisch Kranker und behinderter Menschen in den besetzten Gebieten Russlands, in: Fritz Bauer Institut, Jahresbericht 1922, Frankfurt am Main 2023, S. 48f.
Wolters, Chr.: Tuberkulose und Menschenversuche im Nationalsozialismus, Franz Steiner Verlag, Stuttgart 2011.
Wrochem, O. von (Hrsg.): Nationalsozialistische Täterschaften, Metropol Verlag, Berlin 2016.
Zeidler, G.: Herbert Grohmann. Rassenpolitiker und Arzt, in: UTOPIE kreativ Nr. 207: 2008, S. 59–71.
Zofka, Z.: Der KZ-Arzt Josef Mengele. Zur Topologie eines NS-Verbrechers, in: Vierteljahrshefte für Zeitgeschichte 34: 1986, S. 245–267.

Personenregister

Adenauer, Konrad *75*
Angrick, Andrej *74, 112, 117, 128*
Antonescu, Ion *60*

Bach, Johann Sebastian *35, 68, 131*
Baerbock, Anna-Lena *134*
Bamm, Peter *116, 125ff.*
Baumert, Willi *45f., 90*
Baumkötter, Heinrich *46, 86f.*
Becker, Helmuth *31ff., 38*
Bierkamp, Walther *105*
Blies, Ludwig *111*
Blobel, Paul *105, 108, 115, 128*
Bockhorn, K.-H. *32*
Böll, Heinrich *61*
Borm, Kurt *47f, 90*
Brix, Barbara *106f, 109, 110*
Brugsch, Theodor *71*

Celan, Paul *61*

Dermietzel, Friedrich Karl *48f., 73, 87, 92*
de Rudder, Bernhard *17*
Dietrich, Josef *89f., 95ff.*
Ding, Heinrich *49*
Ding-Schuler, Erwin *12, 49, 87*
Dominitz, Fanny *124*

Eckert, Hermann *27f., 45, 87*
Efstafwa, Anna *117*
Ehrlinger, Erich *103, 105*
Ehrsam, Ludwig *49f., 86f.*
Eichinger, Bernd *113*
Eicke, Theodor *25, 33*
Eisele, Hans *50, 86*
Emmrich, Curt *126*
Entreß, Friedrich *50f., 87*
Fischer, A. W. *52*
Fischer, Fritz *51, 85, 87f., 97*
Fischer, Hermann *92*
Fischer, Horst *52, 85*
Freiherr von Bodmann, Franz *46f., 87f.*
Freiherr von Schuler, Carl *49*
Freiherr v. Verschuer, Otmar *70*
Frowein, Ernst *52, 86, 88*

Gauck, Joachim *134*
Gebhardt, Karl *48, 51, 53f.*
Genzken, Karl *48f., 55, 74, 87, 130*
Geyer, Florian *58*
Goldhagen, Erich *99*
Görz, Heinrich *54, 105, 112, 116ff.*
Grass, Günter *97*
Grawitz, Ernst *48, 55, 84, 92*
Grohmann, Herbert *55f., 105, 111, 147*
Günther, Gottfried *116*

Habeck, Robert *134*
Handloser, Siegfried *91*
Heer, Hannes *128*
Heim, Aribert *43, 56f., 88, 122*
Hein, Bastian *11*
Heydrich, Reinhard *8*
Hilberg, Raul *60*
Himmler, Heinrich *9, 26, 28, 33, 53f., 92, 98f., 101, 107, 115*
Hindenburg, Paul *10*
Hitler, Adolf *9f., 27, 48, 51, 53, 58, 60, 63f., 88f., 91, 98ff., 118, 130*

Hock, Oskar *28f., 45, 88*
Hofer, Peter *84*
Hoff, Ferdinand *120f., 124f.*
Hofreiter, Anton *134*
Holfelder, Hans *16*
Hördemann, Robert *57, 87, 92*
Hördler, Stefan *11, 45, 48, 50, 57, 86*
Höß, Rudolf *11, 69*
Husen, Martin *80, 82, 84*

Jung, Edwin *57f., 64, 86, 88*

Kahr, Karl *58f.*
Karl II. *60*
Kater, Michael H. *10*
Kempner, Robert *109*
Killian, Hans *26f., 92f., 120, 126*
Kirchert, Werner *59, 88, 105, 110*
Kirew, Dr. *118*
Kitt, Bruno *59*
Klein, Fritz *60, 62f., 131*
Knopp, Guido *113*
Kogon, Eugen *10, 25, 85, 111*
Kossel, Albrecht *74*
Krah, Maximilian *9*
Kremer, Johann Paul *63*
Kroeger, Erhard *105*
Kroeger, Peter *64, 105ff., 114*
Kudlien, Fridolf *128*

Langbein, Hermann *59*
Le Pen, Marine *9*
Lieb, Peter *98*
Littell, Jonathan *114*
Lolling, Enno *52, 55, 65f., 84*
Lonauer, Rudolf *65f., 87*
Lucas, Franz *66*

Meixner, Johann Georg *102*
Mengele, Josef *11, 17, 62, 67ff., 85, 87f., 92, 130, 132, 140*
Mengele, Karl *67*
Merz, Friedrich *134*
Mollison, Theodor *67*
Moritz, Kurfürst von Sachsen-Anhalt *43*
Moser, Tilmann *44*
Mrugowsky, Joachim *70f., 87*

Nebe, Arthur *105*
Neitzel, Sönke *135*
Nikolajewna, Natalja *122*

Ohlendorf, Otto *105, 119*
Orendi, Benno *71f., 88*
Ostermaier, Maximilian (Max) *72, 86, 88*

Paluch, Andrea *134*
Panning, Gerhart *128f.*
Peiper, Joachim *96*
Pétain, Philippe *31*
Pistorius, Boris *134*
Plötner, Kurt *72*
Pohl, Oswald *85*
Popiersch, Max *72f.*
Prieß, Hermann *29, 38*
Pronicheva, Dina *110*

Raefler, Dr. *94*
Rasch, Otto *43, 105, 114*
Rindfleisch, Heinrich *73*
Ritter von Epp, Franz Xaver *53*
Roelcke, Volker *133*
Röhm, Ernst *25*
Rothardt, Bruno *73f.*
Rundstedt, Gerd v. *95*

Sandberger, Martin *103*
Schenck, Ernst Günther *12, 74f., 111ff.*
Schiedlausky, Gerhard *75*

Schmidt, Paul *71*
Schmidt, Walter Eugen *75, 90*
Schmitz, Emil Christian *75f.*
Schnopfhagen, Dr. *115f.*
Scholz, Olaf *134*
Schönfelder, Dr. *102*
Schröder, Heinrich *105, 116*
Seetzen, Heinz *105, 117*
Selenskyj, Wolodymyr *107, 132*
Sibeth, Fedor *76, 86*
Simon, Max *29, 37*
Stahlecker, Walter *103*
Stalin, Josef *60, 64*
Steinmeier, Frank-Walter *123*
Stoeckel, Walter *76f.*
Strack-Zimmermann, Marie-Agnes *134*
Strauss, Richard *68*
Sydnor Jr., Charles W. *86*

Thomas, Max *105, 113ff.*
Timm, Hans *21*
Timm, Karl-Heinz *21, 31–39*
Timm, Uwe *21, 32, 37*
Tkatsch, Ljudmyla *110*
Treite, Percival *76*
Trzebinsky, Alfred *77, 92*
Tschaikowsky, Pjotr Iljitsch *125*

Uhlenbroock, Kurt *77*

Verdi, Giuseppe *68*
von Bergmann, Gustav *76*
von dem Bach-Zelewski, Erich *101, 131f.*
von Reichenau, Walter *114*
von Stülpnagel, Carl-Heinrich *128*
v. Selchow, Bogislav *57*
v. Verschuer, Otmar Freiherr *17, 68, 70*

Wachsmuth, Werner *93ff., 118, 120f.*
Wagner, Richard *68*
Weinmann, Erwin *105, 115*
Winkelmann, Adolf *77*
Wirths, Eduard *63, 77ff., 85*
Wirths, Helmut *78*
Wolf, Helmut *79, 88*